Second Edition

Basics of Biblical Hebrew

WORKBOOK

Also by Gary D. Pratico and Miles V. Van Pelt

Basics of Biblical Hebrew Grammar: Second Edition

Basics of Biblical Hebrew Vocabulary Audio

Biblical Hebrew (Zondervan Get an A! Study Guide)

Charts of Biblical Hebrew

Old Testament Hebrew Vocabulary Cards

Vocabulary Guide to Biblical Hebrew

Graded Reader of Biblical Hebrew

Second Edition

Basics
of
Biblical
Hebrew

WORKBOOK

Gary D. PRATICO
and
Miles V. VAN PELT

ZONDERVAN®

ZONDERVAN.com/
AUTHORTRACKER
follow your favorite authors

Basics of Biblical Hebrew Workbook: Second Edition
Copyright © 2007 by Gary D. Pratico and Miles V. Van Pelt

Requests for information should be addressed to:

Zondervan, Grand Rapids, Michigan 49530

ISBN-10: 0-310-27022-7
ISBN-13: 978-0-310-27022-5

Internet addresses (websites, blogs, etc.) and telephone numbers printed in this book are offered as a resource to you. These are not intended in any way to be or imply an endorsement on the part of Zondervan, nor do we vouch for the content of these sites and numbers for the life of this book.

Interior design by Miles V. Van Pelt

Printed in the United States of America

07 08 09 10 11 12 • 23 22 21 20 19 18 17 16 15 14 13 12 11 10 9 8 7 6 5 4 3 2 1

Table of Contents

Section 4: Introduction to the Derived Stems

Final Parsing Exercise - Derived Stems

Preface

This workbook is the companion volume to *Basics of Biblical Hebrew: Grammar*.[1] It contains the full set of exercises for the grammar with corresponding chapters in each volume. With a view to preserving the grammar as a reference resource, the workbook has been published separately with ample space for the completion of the exercises. The pages are perforated so that assignments can be removed and submitted for grading at the request of the course instructor. The quantity of exercises, especially the biblical translations, is far greater than can be completed in a year of basic language study. The rationale for the abundance of exercises is twofold: (1) to provide the instructor with a rich and diverse selection of exercises from which to choose, accommodating various pedagogical methods and emphases and (2) to provide the student with an ample supply of practice exercises beyond required assignments. We recognize, therefore, that not all of the exercises will be assigned. This exercise book can be a resource for further study, even beyond the introductory year of Hebrew language study. A few important features are noted below.

1. In chapter 5, biblical texts are introduced to complement the composed exercises. Progressively, through the workbook, the composed exercises are minimized. While all of the Bible texts are referenced, it is important to note that each text does not necessarily constitute the complete verse. Frequently, only a section of the verse has been selected for translation, especially in the earlier chapters of the workbook. By design, a small number of verses have been repeated in order to illustrate a grammatical construction or form that was glossed earlier. Strategically placed, these repeated verses will also be a source of encouragement in terms of a student's growing ability to translate without the need to consult a lexicon for most of the words in a verse.

2. Some of the chapters in the grammar have multiple corresponding chapters in the workbook. The most notable example of this is found in chapter 16, where practice with Qal Imperfect weak verbs is broken up into six different exercises (16a-f). The intent of this type of division is to provide students with a measure of focused exposure to the various weak verb forms.

3. The Bible texts for translation were taken from the Accordance module HMT-T. We acknowledge our indebtedness to this software and its developers at OakTree Software (www.OakSoft.com). We have used this invaluable resource extensively in the production of both the grammar and the workbook. A few errors and deviations from the Masoretic Text have been noted in HMT-T and corrected in this workbook.

4. For the most part, the exercises in each chapter have been arranged by level of difficulty, beginning with those that require parsing and identification of forms and ending with composition exercises (English to Hebrew). The exercises in each chapter, including nearly every Bible translation, have been written or selected with a view to illustrating the grammatical discussion of the corresponding chapter in the grammar. The Bible translations have been chosen with a primary view to grammatical illustration, but we have also attempted to select texts of exegetical and theological interest.

---

[1] Gary D. Pratico and Miles V. Van Pelt, *Basics of Biblical Hebrew: Grammar*, Second Edition (Grand Rapids: Zondervan, 2007).

5. In this second edition, Hebrew words appearing in the workbook but not yet learned through the grammar's vocabulary are handled in a "graded" manner. With exercises 1-11 (sections one and two), Hebrew words not yet encountered in vocabulary are glossed, either in brackets or in footnotes. In exercises 12-23 (section 3), the same convention is followed, except in those sections entitled "Bible Translation." Here, students will need to begin to consult either the grammar's lexicon or any other standard Hebrew lexicon. In exercises 24-35 (section 4), Hebrew words not yet encountered are not glossed in order to provide students with the important opportunity to become proficient in the use of a Hebrew lexicon.

6. A website has been established to provide additional helps and resources to complement the grammar and workbook. The address for this site is *www.basicsofbiblicalhebrew.com*. Located at this site is the Hebrew flashcard program InteLex developed by Learning Mill. Additional teaching materials and resources for students will be posted at this site.

7. The answer key to this workbook is provided on the CD-ROM located in the back of the grammar text.

There are a number of people we wish to thank, especially those who helped in the production of this workbook: Jim Jumper, Filip Vukosavovic, Jason DeRouchie, Becky Josberger, and Mike McKelvey. We are also indebted to those who were willing to test the workbook in its earlier stages: Donna Petter, Jason Bembry, Jack Klem, Alice Via, Keith Bodner, and Frank Wheeler. We are grateful to Zondervan for their assistance in the production and publication of this workbook. We want to give special recognition to Verlyn Verbrugge, Jack Kragt, Jody DeNeef, Bob Buller, and Lee Fields. Finally, we recognize and thank Bill Mounce for his significant contributions to this project.

As you learn this language and begin to open the pages of the Hebrew Scriptures, our hope is that you will resonate with the words of Psalm 119:97:

מָה־אָהַבְתִּי תוֹרָתֶךָ כָּל־הַיּוֹם הִיא שִׂיחָתִי

Oh, how I love your law;
I meditate on it all day long.

Gary D. Pratico
Miles V. Van Pelt

June 30, 2006

Exercise 1

The Hebrew Alphabet

Write out and pronounce the twenty-three letters of the Hebrew alphabet several times. It is essential to learn how to recognize, write and pronounce each letter.

א

ב

ג

ד

ה

ו

ז

ח

ט

י

כ ך

ל

מ ם

נ ן

ס

ע

פ ף

צ ץ

ק

ר

שׂ

שׁ

ת

Write out, in order and from right to left, the 23 consonants of the Hebrew alphabet. Insert a Daghesh Lene into the *begadkephat* letters.

Give the final form for the following Hebrew consonants.

כ

מ

נ

פ

צ

List the four Hebrew consonants that are called *gutturals.*

Give the names and transliterate each of the following pairs of Hebrew consonants. The first pair is identified by way of example.

1. ב and כ   ***Bet (b̲) and Kaf (k̲)***

2. ג and נ

3. ה and ח

4. ח and ת

5. ך and ן

6. ם and ס

7. שׂ and שׁ

8. א and ע

9. ט and תּ

10. כּ and ק

11. ס and שׂ

12. צ and ע

13. ד and ר

14. ו and ז

15. ו and ן

Transliterate the following Hebrew nouns and proper names for which only the consonants have been given. The first word has been transliterated by way of example.

1. עבד (servant) *ʿḇḏ*

2. אדם (Adam, man)

3. ארץ (earth)

4. זהב (gold)

5. כסף (silver)

6. צדק (righteousness)

7. חדשׁ (month)

8. דבר (word)

9. שׁפט (judge)

10. משׁכן (tabernacle)

11. אברהם (Abraham)

12. ישׂראל (Israel)

13.[1] מלךְ (king)

14. דרךְ (road, way)

15. מלאךְ (messenger)

---

[1] Note that numbers 13-15 above have a final Kaf with two dots (ךְ) as noted in 1.10.2 of the grammar.

Exercise 2

The Hebrew Vowels

Give the name and classification for each of the following Hebrew vowels. For the purpose of showing the position of the vowel, each appears with the consonant ב (Bet). The first vowel is identified by way of example.

		Vowel Name	*Classification*
1.	בֻ	**Qibbuts**	**short u**
2.	בַ		
3.	בֶ		
4.	בִ		
5.	בֵ		
6.	בֹ		
7.	בְ		
8.	בֲ		
9.	בֱ		
10.	בֳ		
11.	בִי		
12.	בוֹ		
13.	בוּ		
14.	בָה		
15.	בֵי		
16.	בֶי		
17.	בָ	(two possibilities)	

Transliterate the following Hebrew nouns. The first noun has been transliterated as an example for the exercise. Note that the vowel Qamets Hatuf does not appear in following exercises.

1. אָדָם (man, Adam) **ʾāḏām**
2. זָהָב (gold)
3. אֶ֫רֶץ (earth)
4. דָּבָר (word)
5. שֹׁפֵט (judge)
6. עַם (people)
7. הֵיכָל (temple)

Identify each of the following *proper names* in English by sounding out the consonants and vowels of the Hebrew word. Note that an initial י in a Hebrew proper name is usually rendered by the English letter J. Note that the vowel Qamets Hatuf does not appear in following exercises.

1. אַבְרָהָם **Abraham**
2. שָׂרָה
3. שְׁמוּאֵל
4. אַבְשָׁלוֹם
5. כְּנַ֫עַן
6. יוֹסֵף
7. יוֹנָה
8. יְהוּדָה
9. נָתָן
10. יְהוֹנָתָן
11. בִּנְיָמִין

12. יַרְדֵּן

13. הֶ֫בֶל

14. קַ֫יִן

15. אַהֲרוֹן

16. שָׁאוּל

17. שְׁאוֹל

18. עֵלִי

19. אִיּוֹב

20. דָּנִיֵּאל

21. חִזְקִיָּה

22. אֵלִיָּה

23. שְׁלֹמֹה

24. מֹשֶׁה

25. עֵ֫דֶן

Exercise 3

Syllabification and Pronunciation

Syllabify the following Hebrew words. The answer to number 1 is given as an example.

1. אַבְרָהָם   אַבְ|רָ|הָם

2. גְּבֶ֫רֶת

3. חֻקָּה

4. יַבָּשָׁה

5. כַּאֲשֶׁר

6. מִלְחָמָה

7. רְאוּבֵן

8. חֵיק

9. אוּרִיָּה

10. שְׁבוּעָה

11. אֲנַ֫חְנוּ

12. תְּפִלָּה

13. תּוֹרוֹת

14. מִתּוֹךְ

11

15. לַ֫יְלָה

16. לְמַ֫עַן

17. מִצְרַ֫יִם

18. הִתְפַּלֵּל

19. מְמַלְּאוֹת

20. חַטָּאת

21. מִלֵּאת

22. פַּעֲמַ֫יִם

23. וַתְּשַׁלַּח

24. מָעֳמָד

25. הַמֹּצְאוֹת

26. וַיְקַנְאוּ

27. מְרַגֵּל

28. וַיִּתְחַבְּאוּ

29. נֶאֱמְנוּ

30. יִוָּדַע

Identify each Daghesh (Forte or Lene) and Shewa (Silent or Vocal) in the following words. The answer to number 1 is given as an example.

1. בְּרָכָה **Daghesh Lene in ב / Vocal Shewa under ב**
2. אִשָּׁה
3. חַטָּאת
4. בָּתִּים
5. אִתָּ֫נוּ
6. חֻקָּה
7. כִּסֵּה
8. מַלְכָּה
9. מִשְׁפָּט
10. אַתָּה
11. דָּבָר
12. אוּרִיָּה
13. אַתֵּ֫נָה
14. קְטַנִּים
15. הִגִּיד

Exercise 4

Hebrew Nouns

Parsing. Identify the gender and number of the following nouns.

		Gender	*Number*
1.	דְּבָרִים	**masculine**	**plural**
2.	שֹׁפְטִים		
3.	שָׁמַ֫יִם		
4.	יֶ֫לֶד		
5.	יַלְדָּה		
6.	סוּס		
7.	סוּסָה		
8.	מִשְׁמֶ֫רֶת		
9.	מִשְׁמָרוֹת		
10.	מֶ֫לֶךְ		
11.	מַלְכָּה		
12.	מְלָכִים		
13.	מְלָכוֹת		
14.	בַּת		
15.	בָּנוֹת		

16. שַׁ֫עַר

17. עֲבָדִים

18. יוֹם

19. יָמִים

20. יוֹמַ֫יִם

21. נָבִיא

22. תּוֹרָה

23. תּוֹרוֹת

24. אִישׁ

25. אֲנָשִׁים

Feminine Nouns. Identify which of the following nouns are feminine. Some will be exceptions to the rules of gender identification (4.7). Refer to the grammar's lexicon if necessary.

1. אִשָּׁה   (woman)

2. נָשִׁים   (women)

3. קֶ֫שֶׁת   (bow)

4. דַּ֫עַת   (knowledge)

5. אֶ֫רֶץ   (land)

6. אֶ֫בֶן   (stone)

7. תִּפְאֶ֫רֶת   (glory)

8. חָכְמָה   (wisdom)

9. עִיר   (city)

10. עָרִים   (cities)

Segholate Nouns. Which of the following nouns are Segholates (4.8.3)?

1. אֶ֫בֶן (stone)
2. זָקֵן (old man)
3. עָנָן (cloud)
4. סֵ֫פֶר (book)
5. נָהָר (river)
6. שָׁכֵן (neighbor)
7. זֶ֫רַע (seed)
8. נַ֫עַר (young man)
9. כֹּהֵן (priest)
10. עֶ֫צֶם (bone)

Advanced Exercise: Part 1. Pluralize each of the following nouns. The required plural endings have been given for each noun. Irregular noun pluralizations have not been included in this exercise.

1. בּוֹר (pit) + וֹת בּוֹרוֹת
2. סוּס (horse) + ִים
3. חֲלוֹם (dream) + וֹת
4. רְחוֹב (street) + וֹת
5. גְּבוּל (boundary) + ִים
6. נָבִיא (prophet) + ִים
7. נָהָר (river) + וֹת
8. צָבָא (army) + וֹת

9. זָקֵן (old man, elder) + ִים

10. לֵבָב (heart) + וֹת

11. עָנָן (cloud) + ִים

12. עֵנָב (grape) + ִים

13. חָצֵר (courtyard) + וֹת

14. דֶּרֶךְ (way, road) + ִים

15. תּוֹרָה (law) + וֹת

16. חוֹמָה (wall) + וֹת

17. מִשְׁפָּחָה (family) + וֹת

18. סֵפֶר (book) + ִים

19. מֶלֶךְ (king) + ִים

20. נַעַר (young man) + ִים

21. זֶרַע (seed) + ִים

22. בֹּקֶר (morning) + ִים

23. חֶרֶב (sword) + וֹת

24. אֶרֶץ (land) + וֹת

25. נֵדֶר (vow) + ִים

Advanced Exercise: Part 2. Pluralize the following nouns that are irregular in their pluralization (4.8.5).

1. אִשָּׁה (woman) נָשִׁים
2. אִישׁ (man)
3. אָב (father)
4. בַּת (daughter)
5. בַּ֫יִת (house)
6. עִיר (city)
7. בֵּן (son)
8. יָד (hand)

Exercise 5

Definite Article and Conjunction Waw

Definite Article. Prefix the definite article to each of the following nouns and then translate the form (5.2-5).

1. אִישׁ (a man) הָאִישׁ **the man**
2. מֶ֫לֶךְ (a king)
3. אִשָּׁה (a woman)
4. בַּ֫יִת (a house)
5. סֵ֫פֶר (a book)
6. דֶּ֫רֶךְ (a road)
7. נַ֫עַר (a young man)
8. חֶ֫רֶב (a sword)
9. הֵיכָל (a temple)
10. כֹּהֵן (a priest)
11. חוֹמָה (a wall)
12. מְרַגְּלִים (spies)
13. יְלָדִים (boys)
14. אֲבָנִים (stones)
15. עָפָר (dust)
16. עִיר (a city)
17. עָרִים (cities)
18. רֹאשׁ (a head)
19. שָׁנָה (a year)
20. תּוֹרָה (a law)

Conjunction. Prefix the conjunction וְ to the following forms and then translate (5.7).

1. שֹׁפֵט (a judge) וְשֹׁפֵט **and a judge**

2. הַשֹּׁפֵט (the judge)

3. בְּרִית (a covenant)

4. אֱדֹם (Edom)

5. מִשְׁפָּט (a judgment)

6. בֵּן (a son)

7. הָעֵצִים (the trees)

8. חֲמוֹר (a donkey)

9. אֱלֹהִים (God)

10. תְּפִלָּה (a prayer)

11. בַּ֫יִת (a house)

12. הַשָּׁמַ֫יִם (the heavens)

13. הָאָדָם (the man)

14. מֶ֫לֶךְ (a king)

15. מַלְכָּה (a queen)

16. פְּרִי (fruit)

17. הַנָּבִיא (the prophet)

18. יְהוּדָה (Judah)

19. בֵּין (between)

20. חֲלוֹם (a dream)

Bible Translation. Translate the following Bible phrases. Use the grammar's lexicon when necessary. The accent mark will not appear in these Bible phrases.

(1) הַשָּׁמַיִם וְהָאָרֶץ (Gen 2:1)

(2) וְהַצֹּאן[1] וְהַבָּקָר[2] (Gen 33:13)

(3) הֶעָנָן וְהַחֹשֶׁךְ[3] (Ex 14:20)

(4) וְהַכֹּהֲנִים וְהָעָם[4] (Ex 19:24)

(5) וְהַתּוֹרָה וְהַמִּצְוָה[5] (Ex 24:12)

(6) וְהַכֹּהֲנִים וְהַנְּבִיאִים (2 Kgs 23:2)

(7) וְהַנָּבִיא וְהַכֹּהֵן וְהָעָם[6] (Jer 23:34)

(8) וְהָאוֹר[7] וְהַיָּרֵחַ[8] וְהַכּוֹכָבִים[9] (Eccl 12:2)

(9) הַמֶּלֶךְ וְהַמַּלְכָּה[10] (Esther 7:6)

---

[1] צֹאן (cs) flock(s), flock of sheep and goats

[2] בָּקָר cattle, herd

[3] חֹשֶׁךְ darkness

[4] עַם people

[5] מִצְוָה commandment

[6] עַם people

[7] אוֹר (cs) light, daylight, sunshine

[8] יָרֵחַ moon

[9] כּוֹכָב star; (mp) כּוֹכָבִים

[10] מַלְכָּה queen

Exercise 6

Hebrew Prepositions

Inseparable Prepositions. Translate the following nouns with inseparable prepositions. Be certain that you understand, based on the vowels, whether or not the noun has a definite article (6.4). Consult the grammar's lexicon when necessary.

1. בְּשָׂדֶה **in a field**

2. בַּשָּׂדֶה

3. בְּאֶ֫רֶץ

4. בָּאָ֫רֶץ

5. לְעִיר

6. לָעִיר

7. בְּהֵיכָל

8. בַּהֵיכָל

9. לְאִשָּׁה

10. לָאִשָּׁה

Prepositions. Translate the following prepositional phrases. Consult the grammar's lexicon when necessary.

1. בְּתוֹךְ הַנָּהָר **in the midst of the river**

2. עַד־הַבֹּ֫קֶר[1]

3. בְּתוֹךְ הָעִיר

4. עַל־דְּבַר הַמֶּ֫לֶךְ

---

[1] בֹּ֫קֶר morning

5. לִפְנֵי הַנְּבִיאִים

6. מִמַּ֫עַל הַמִּזְבֵּחַ

7. עַד־הַיּוֹם

8. עַל־פְּנֵי[2] הַשֹּׁפֵט[3]

9. מִפְּנֵי[4] הָאִשָּׁה

10. לִפְנֵי הַמְּלָכִים

11. עַל־הַמִּזְבֵּחַ

12. אֶל־הֶעָרִים

13. מִתּוֹךְ הֶעָנָן

14. מִן־הַנָּבִיא

15. מֵהַנָּבִיא

16. מִנָּבִיא

17. בְּתוֹךְ הַשָּׂדֶה

18. בֵּין הַשָּׁמַ֫יִם וּבֵין הָאָ֫רֶץ

19. בֵּין הֶהָרִים וּבֵין הַיָּם

20. מֵהָאֲנָשִׁים

---

[2] See 6.11 in *BBH* on page 59 (Advanced Information: Compound Prepositions).

[3] שֹׁפֵט judge

[4] See 6.11 in *BBH* on page 59 (Advanced Information: Compound Prepositions).

Hebrew Composition. Write in Hebrew the following prepositional phrases, using the inseparable prepositions בְּ (in), לְ (to), and כְּ (like).

1. like a king   כְּמֶ֫לֶךְ

2. like the king

3. to a man

4. to the man

5. in a gate

6. in the gate

7. like a judge

8. like the judge

9. in a land

10. in the land

Bible Translation. Translate the following prepositional phrases from the Bible. Use the grammar's lexicon when necessary. The accent mark will not appear in these Bible phrases.

(1)   בְּתוֹךְ־הַגָּן[5] (Gen 3:3)

(2)   בֵּינִי[6] וּבֵין הָאָרֶץ (Gen 9:13)

(3)   בְּתוֹךְ הַשָּׂדֶה (Gen 37:7)

---

[5] גַּן (cs) garden

[6] בֵּינִי preposition בֵּין with 1cs pronominal suffix (between me).

(4)   בַּבַּיִת וּבַשָּׂדֶה (Gen 39:5)

(5)   מִתּוֹךְ הֶעָנָן (Ex 24:16)

(6)   מִלִּפְנֵי יְהוָה (Jonah 1:3)

(7)   עַל־כָּל־בָּשָׂר[7] (Joel 3:1 [English 2:28])

(8)   מִן־הָאֲדָמָה[8] (Gen 4:11)

(9)   מִן־הָעוֹלָם עַד־הָעוֹלָם (Neh 9:5)

(10)   אַחַר הַדְּבָרִים הָאֵלֶּה[9] (Gen 15:1)

---

[7] כָּל־בָּשָׂר "all flesh"
[8] אֲדָמָה ground, land, earth
[9] הָאֵלֶּה "these"

Exercise 7

Hebrew Adjectives

Parsing. Identify the gender, number, and lexical form of the following adjectives. Consult the grammar's lexicon when necessary.

		Gender	*Number*	*Lexical Form*
1.	טוֹבָה	**feminine**	**singular**	**טוֹב**
2.	גְּדוֹלִים			
3.	חֲכָמוֹת			
4.	יְשָׁרָה			
5.	צַדִּיקִים			
6.	קָשֶׁה			
7.	קָשָׁה			
8.	זְקֵנִים			
9.	קָדוֹשׁ			
10.	חֲכָמָה			
11.	יְשָׁרִים			
12.	רַע			
13.	רָעִים			
14.	רְשָׁעִים			
15.	דַּלָּה			
16.	דַּלּוֹת			
17.	רַב			
18.	רַבִּים			
19.	חֲדָשׁוֹת			
20.	רָעָה			

Translation. Translate the following phrases and identify the use of the adjective (attributive, predicative, or substantive).

		Translation	*Usage*
1.	הַסֵּ֫פֶר הַטּוֹב	**the good book**	**attributive**
2.	טוֹב הַסֵּ֫פֶר		
3.	הַסֵּ֫פֶר טוֹב		
4.	הָאָ֫רֶץ הַטּוֹבָה		
5.	טוֹבָה הָאָ֫רֶץ		
6.	יְשָׁרָה הַתּוֹרָה		
7.	הַמִּשְׁפָּטִים הַגְּדוֹלִים		
8.	הֶחָכָם		
9.	הַכֹּהֲנִים הַצַּדִּיקִים		
10.	הָעֲבָדִים הָרָעִים		
11.	רָעִים הָעֲבָדִים		
12.	הָעִיר הַגְּדוֹלָה		
13.	גְּדוֹלָה הָעִיר		
14.	הָאִשָּׁה יָפָה		
15.	חֲכָמִים הָאֲנָשִׁים		

Inflecting Adjectives. Give the full inflection (ms, mp, fs, fp) for the following adjectives.

1. טוֹב (good)

ms	טוֹב	fs	טוֹבָה
mp	טוֹבִים	fp	טוֹבוֹת

2. קָדוֹשׁ (holy)

ms		fs
mp		fp

3. יָשָׁר (just, upright)

ms		fs
mp		fp

4. חָכָם (wise)

ms		fs
mp		fp

5. כָּבֵד (heavy)

ms		fs
mp		fp

6. רָשָׁע (wicked, evil)

ms		fs
mp		fp

7. רַע (evil)

ms		fs
mp		fp

8. רַב (much, many)

ms	fs
mp	fp

9. יָפֶה (beautiful)

ms	fs
mp	fp

10. קָשֶׁה (difficult)

ms	fs
mp	fp

Bible Translation. Translate the following Bible texts with attributive or predicative adjectives. Use the grammar's lexicon when necessary. The accent mark will not appear in these Bible translations.

(1) מֶלֶךְ־חָדָשׁ עַל־מִצְרָיִם (Ex 1:8)

(2) אִישׁ חָכָם מְאֹד (2 Sam 13:3)

(3) וָאֶקְרָא[1] בְּקוֹל גָּדוֹל (Gen 39:14)

(4) אִשָּׁה יָפָה (Prov 11:22)

(5) נָשִׁים יָפוֹת (Job 42:15)

---

[1] וָאֶקְרָא "and I called"

(6) טוֹב־וְיָשָׁר יְהוָה (Ps 25:8)

(7) בְּרִית² חֲדָשָׁה (Jer 31:31)

(8) נִינְוֵה³ הָעִיר הַגְּדוֹלָה (Jonah 1:2)

(9) אֱלֹהִים אֲחֵרִים (Ex 20:3)

(10) בְּרִית עוֹלָם (Ex 31:16)

(11) הַכֹּהֵן הַגָּדוֹל (Hag 1:14)

(12) גָּדוֹל יְהוָה (Ps 48:2 [English 48:1])

(13) שִׁיר חָדָשׁ⁴ (Ps 40:4 [English 40:3])

(14) שִׁירוּ⁵ לַיהוָה שִׁיר חָדָשׁ שִׁירוּ לַיהוָה כָּל־הָאָרֶץ (Ps 96:1)

---

² בְּרִית covenant
³ נִינְוֵה Nineveh
⁴ חָדָשׁ (adj) new
⁵ שִׁירוּ "sing!"

Exercise 8

Hebrew Pronouns

Translation: Part 1. Translate the following *verbless* sentences. Note that the independent personal pronouns are functioning as the subject. Consult the grammar's lexicon when necessary.

(1) הוּא הַשֹּׁפֵט הַיָּשָׁר

(2) אַתָּה מֶ֫לֶךְ יָשָׁר וְטוֹב

(3) אֲנִי נָבִיא צַדִּיק

(4) אַתְּ אִשָּׁה יָפָה

(5) הִיא הָאִשָּׁה הַחֲכָמָה וְהַצַּדִּיקָה

(6) אַתֶּם הָאֲנָשִׁים הַדַּלִּים

(7) הֵם הָאֲנָשִׁים הָרָעִים

(8) הֵ֫נָּה הֶעָרִים הָרָעוֹת

(9) אֲנַ֫חְנוּ בָּעִיר הַגְּדוֹלָה

(10) אַתֶּן הַנָּשִׁים הַחֲכָמוֹת

Translation: Part 2. Translate the following phrases and identify the demonstrative in each as either a demonstrative adjective or a demonstrative pronoun.

(1) יְשָׁרִים הַשֹּׁפְטִים הָאֵ֫לֶּה

(2) אֵ֫לֶּה הַשֹּׁפְטִים הַיְשָׁרִים

(3) זֹאת הָאָ֫רֶץ הַטּוֹבָה

(4) טוֹבָה הָאָ֫רֶץ הַזֹּאת

(5) רְשָׁעוֹת הֶעָרִים הָהֵ֫נָּה

(6) הֵ֫נָּה הֶעָרִים הָרְשָׁעוֹת

(7) הוּא הַמֶּ֫לֶךְ הַצַּדִּיק וְהַיָּשָׁר

(8) צַדִּיק וְיָשָׁר הַמֶּ֫לֶךְ הַהוּא

(9) זֶה הַנָּבִיא הֶחָכָם

(10) חָכָם הַנָּבִיא הַזֶּה

Translation: Part 3. Translate the following sentences, which illustrate the comparative use of the preposition מִן.

(1) צַדִּיק הָעֶ֫בֶד הַזֶּה מֵהַמֶּ֫לֶךְ הַהוּא

(2) יָשָׁר הַכֹּהֵן מִן־הַמֶּ֫לֶךְ הַזֶּה

(3) חֲכָמִים הַזְּקֵנִים מֵהַנְּבִיאִים הָרָעִים

(4) גְּדוֹלָה הָאָ֫רֶץ הַזֹּאת מֵהָאָ֫רֶץ הַהִיא

(5) קָשֶׁה הַמִּשְׁפָּט מִן־הָעָם[1]

Bible Translation. Translate the following Bible texts. Use the grammar's lexicon when necessary.

(1) אַחַר הַדְּבָרִים הָאֵלֶּה (Gen 22:1)

(2) כַּדְּבָרִים הָאֵלֶּה (Gen 39:17)

(3) אֵלֶּה הַדְּבָרִים אֲשֶׁר דִּבֶּר[2] מֹשֶׁה (Deut 1:1)

(4) וְזֹאת הַמִּצְוָה (Deut 6:1)

(5) עַד הַיּוֹם הַזֶּה (2 Kgs 16:6)

(6) וְאַתָּה יְהוָה־אֱלֹהִים (Ps 59:6 [English 59:5])

(7) אֲנִי יְהוָה אֱלֹהֶיךָ[3] (Isa 48:17)

(8) הוּא אֱלֹהֵינוּ[4] (Josh 24:18)

(9) זֶה־הַיּוֹם עָשָׂה[5] יְהוָה (Ps 118:24)

---

[1] עַם people

[2] דִּבֶּר "(he) spoke"

[3] אֱלֹהֶיךָ is אֱלֹהִים with 2ms pronominal suffix "your God"

[4] אֱלֹהֵינוּ is אֱלֹהִים with 1cp pronominal suffix "our God"

[5] עָשָׂה "(he) made"

(10)   כָּל־הַמְּלָכִים הָאֵלֶּה (Josh 10:42)

(11)   הָאֹתוֹת[6] הַגְּדֹלוֹת הָאֵלֶּה (Josh 24:17)

(12)   וְאַיֵּה[7] הַשֶּׂה[8] (Gen 22:7)

(13)   מַה־זֹּאת עָשִׂיתָ[9] (Gen 12:18)

(14)   זֶה־שְּׁמִי[10] לְעֹלָם (Ex 3:15)

(15)   וַיֹּאמֶר פַּרְעֹה[11] מִי יְהוָה (Ex 5:2)

Hebrew Composition. Write the following phrases in Hebrew.

1. Those are the good books. סֵפֶר is "book."

2. Those books are good.

3. These are the wicked young men.

4. These young men are wicked.

5. This is the great temple. הֵיכָל is "temple."

6. This temple is great.

7. That is the righteous elder.

8. That elder is righteous.

9. That prophet is holy.

10. That is the holy prophet.

---

[6] אוֹת (cs) sign, mark, pledge; (cp) אֹתוֹת

[7] אַיֵּה where?

[8] שֶׂה (ms) sheep, lamb

[9] עָשִׂיתָ "you have done"

[10] שְׁמִי "my name"

[11] וַיֹּאמֶר פַּרְעֹה "and Pharaoh said"

Exercise 9

Hebrew Pronominal Suffixes

Translate and Identify: Part 1. Translate the following sets of *nouns with pronominal suffixes* and identify the person, gender, and number (PGN) of each suffix.

	Translation	*Suffix PGN*
1. שִׁיר (song); plural שִׁירִים		
שִׁירְכֶם	**your song**	**2mp**
שִׁירֵיכֶם	**your songs**	**2mp**
שִׁירִי	**my song**	**1cs**
שִׁירַי	**my songs**	**1cs**
2. דָּבָר (word); plural דְּבָרִים		
דְּבָרוֹ		
דְּבָרָיו		
דְּבָרָהּ		
דְּבָרֶ֫יהָ		
3. עַם (people); plural עַמִּים		
עַמְּךָ		
עַמֵּךְ		
עַמֶּ֫יךָ		
עַמַּ֫יִךְ		

4. סֵ֫פֶר (book); plural סְפָרִים

סִפְרָם

סִפְרָן

סִפְרֵיהֶם

סִפְרֵיהֶן

5. מֶ֫לֶךְ (king); plural מְלָכִים

מַלְכְּכֶם

מַלְכֵיכֶם

מְלָכֶ֫יךָ

מְלָכַ֫יִךְ

6. מִנְחָה (offering); plural מִנְחוֹת

מִנְחָתִי

מִנְחָתוֹ

מִנְחוֹתַי

מִנְחוֹתָיו

7. פָּרָה (cow); plural פָּרוֹת

פָּרָתְךָ

פָּרָתֵךְ

פָּרוֹתֶ֫יךָ

פָּרוֹתַ֫יִךְ

8. תּוֹרָה (law); plural תּוֹרוֹת

תּוֹרָתוֹ

תּוֹרוֹתָיו

תּוֹרָתָהּ

תּוֹרוֹתֶ֫יהָ

9. אֱלֹהִים (God)

אֱלֹהַי

אֱלֹהֶ֫יךָ

אֱלֹהָיו

אֱלֹהֵ֫ינוּ

10. אָב (father); plural אָבוֹת

אָבִ֫ינוּ

אֲבוֹתֵ֫ינוּ

אָבִי

אֲבוֹתַי

11. אָח (brother); plural אַחִים

אַחֶ֫יךָ

אַחַ֫יִךְ

אֲחֵיכֶם

אֲחֵיכֶן

12. אִשָּׁה (woman); plural נָשִׁים

אִשְׁתִּי

אִשְׁתּוֹ

נָשַׁי

נָשֵׁ֫ינוּ

13. עִיר (city); plural עָרִים

עִירִי

עִירוֹ

עִירָהּ

עָרַי

14. בַּ֫יִת (house); plural בָּתִּים

בֵּיתְךָ

בֵּיתָם

בָּתֶּ֫יךָ

בֵּיתִי

15. בַּת (daughter); plural בָּנוֹת

בִּתִּי

בְּנוֹתַי

בִּתּוֹ

בְּנוֹתֵיכֶם

Translate and Identify: Part 2. Translate the following *nouns with pronominal suffixes* and identify the person, gender, and number (PGN) of the pronominal suffix. In addition, give the lexical form of the noun. Consult the grammar's lexicon when necessary.

		Translation	*Suffix PGN*	*Lexical Form*
1.	בָּנַ֫יִךְ	**your sons**	**2fs**	**בֵּן**
2.	סוּסְכֶן			
3.	אַחֵ֫ינוּ			
4.	שְׁמֵךְ			
5.	מְלָכַי			
6.	זִבְחֵךְ[1]			
7.	אָחִ֫יהָ			
8.	שִׁ֫ירֵיכֶם			
9.	בְּנוֹתַי			
10.	בִּרְכָּתִי			
11.	אֲבִיהֶם			
12.	דְּבָרֶ֫יךְ			
13.	אָבִ֫יהָ			
14.	סִפְרֵיכֶם			
15.	עַמְּךְ			
16.	אִשְׁתִּי			

[1] זֶ֫בַח sacrifice

17. חִצַּי[2]

18. פָּרָתוֹ[3]

19. תּוֹרוֹתֵיהֶן

20. מוֹתוֹ[4]

21. נְעָרַי[5]

22. פָּרוֹתֵיהֶם[6]

23. אַדְמָתוֹ

24. צִדְקַתְכֶם

25. חֲמוֹרָן[7]

26. סוּסֶיהָ

27. חָכְמָתָהּ

28. קָדְשְׁךָ

29. מִצְוֹתַי

30. שְׁנָתֵנוּ

---

[2] חֵץ arrow
[3] פָּרָה cow
[4] מָוֶת death, dying; (with suffix) מוֹת
[5] נַעַר boy, youth, servant
[6] פָּרָה cow
[7] חֲמוֹר donkey

Translate and Identify: Part 3. Translate the following *prepositions with pronominal suffixes* and identify the person, gender, and number of the suffix.

		Translation	*Suffix PGN*
1.	לְךָ	**to you**	**2ms**
2.	לָכֶם		
3.	לָךְ		
4.	לָכֶן		
5.	לָהּ		
6.	לָהֶן		
7.	בּוֹ		
8.	בָּהֶם		
9.	בִּי		
10.	בָּ֫נוּ		
11.	עִמּוֹ		
12.	אִתּוֹ		
13.	עִמָּם		
14.	עִמָּן		
15.	אִתְּךָ		
16.	אִתָּךְ		
17.	עִמָּהּ		
18.	כָּמ֫וֹנִי		

19. כָּמ֫וֹנוּ

20. כָּמ֫וֹהוּ

21. כָּמ֫וֹהָ

22. מִמֶּ֫נִּי

23. מִמְּךָ

24. מִמֶּ֫נָּה

25. מִכֶּם

26. מֵהֶן

27. אֵלֶ֫יךָ

28. אֵלַ֫יִךְ

29. אֵלַי

30. אֵלֵ֫ינוּ

31. עָלָיו

32. עָלֶ֫יהָ

33. עֲלֵיהֶם

34. עֲלֵיהֶן

35. עֲלֵיכֶן

Bible Translation. Translate the following Bible texts. Use the grammar's lexicon when necessary.

(1)   בְּנֵיכֶם וּבְנֹתֵיכֶם (Ex 32:2)

(2)   וְאָבִיו וְאִמּוֹ (Judg 14:4)

(3)   הוּא צוּרִי[8] וִישׁוּעָתִי[9] (Ps 62:7 [English 62:6])

(4)   אַתָּה וּבָנֶיךָ וְאִשְׁתְּךָ (Gen 6:18)

(5)   וְזָכַרְתִּי[10] אֶת־בְּרִיתִי[11] אֲשֶׁר בֵּינִי וּבֵינֵיכֶם (Gen 9:15)

(6)   בָּרָא[12] אֹתוֹ (Gen 1:27)

(7)   עָשָׂה[13] אֹתָם (Ex 36:8)

(8)   אֵין בּוֹ מָיִם (Gen 37:24)

(9)   אֵין לוֹ בֵּן (Num 27:4)

(10)   יֶשׁ־לִי תִקְוָה[14] (Ruth 1:12)

---

[8] צוּר rock, boulder

[9] יְשׁוּעָה salvation, help, deliverance

[10] וְזָכַרְתִּי "and I will remember"

[11] בְּרִית covenant

[12] בָּרָא "he created"

[13] עָשָׂה "he made"

[14] תִּקְוָה hope, expectation

(11) יֶשׁ־לָנוּ אָב זָקֵן (Gen 44:20)

(12) חַסְדּוֹ[15] וַאֲמִתּוֹ (Gen 24:27)

(13) פִּשְׁעִי[16] וְחַטָּאתִי (Job 13:23)

(14) אֲנִי לְדוֹדִי[17] וְדוֹדִי לִי (Song 6:3)

---

[15] חֶ֫סֶד loyalty, faithfulness, steadfast love, lovingkindness

[16] פֶּ֫שַׁע transgression, rebellion, crime

[17] דּוֹד beloved

Exercise 10

Hebrew Construct Chain

Translation. Translate each of the following construct chains. Consult the grammar's lexicon when necessary.

(1) תּוֹרוֹת הַמֶּ֫לֶךְ הַטּוֹב וְהַיָּשָׁר

(2) תּוֹרוֹת הַמֶּ֫לֶךְ הַטּוֹבוֹת

(3) בְּנֵי הַזָּקֵן הָרָעִים

(4) כֶּ֫רֶם[1] הַמֶּ֫לֶךְ הַטּוֹב

(5) מִשְׁפְּטֵי הַמֶּ֫לֶךְ הַיָּשָׁר וְהַצַּדִּיק

(6) תְּפִלַּת[2] הַכֹּהֵן הַצַּדִּיק

(7) הֵיכְלֵי הַמַּלְכָּה הַגְּדוֹלָה

(8) דִּבְרֵי הַסֵּ֫פֶר

(9) עַבְדֵי הַנָּבִיא הַטּוֹבִים

(10) אֵ֫שֶׁת הָאִישׁ הַהוּא

(11) שְׁמוֹת בְּנֵי יִשְׂרָאֵל

---

[1] כֶּ֫רֶם vineyard

[2] תְּפִלָּה prayer

(12) בַּת הַמַּלְכָּה הַיָּפָה

(13) נְהַר[3] מִצְרַ֫יִם

(14) אֵ֫שֶׁת הָאִישׁ הָרַע

(15) כּוֹכְבֵי[4] הַשָּׁמַ֫יִם

(16) זְקַן הָעִיר הָרָעָה

(17) סֵ֫פֶר הַמַּלְכָּה הַיָּפָה

(18) נְשֵׁי הַמֶּ֫לֶךְ הַיָּפוֹת

(19) רְעַב הָעִיר הַדַּלָּה

(20) נְבִיאֵי הָעִיר הָרָעָה

(21) גְּמַלֵּי[5] הָאֲנָשִׁים הָעֲשִׁירִים[6]

(22) הֵיכַל הָעִיר הַגָּדוֹל

(23) עַמֵּי הָאָ֫רֶץ הַטּוֹבָה

(24) מַחֲנֵה[7] הָאֹיֵב

---

[3] נָהָר river, stream

[4] כּוֹכָב star

[5] גָּמָל camel

[6] עָשִׁיר (adj) rich, wealthy

[7] מַחֲנֶה (cs) camp, army

(25) עֲבוֹדַת[8] בֵּית יְהוָה

(26) בְּנֵי הַנְּבִיאִים הַגְּדוֹלִים

(27) שֹׁפֵט הָאָ֫רֶץ הַיָּשָׁר

(28) בְּנוֹת הַזָּקֵן הַיָּפוֹת

(29) בָּתֵּי הָעִיר הַקְּטַנָּה

(30) יְמֵי הַמִּלְחָמָה הַגְּדוֹלָה

Bible Translation. Translate the following Bible texts. Use the grammar's lexicon when necessary. Be alert to the presence of prepositions, prepositional phrases, and demonstrative pronouns.

(1) מַלְאַךְ[9] יְהוָה (Gen 16:9)

(2) כְּכוֹכְבֵי[10] הַשָּׁמַיִם (Gen 22:17)

(3) גּוֹיֵי הָאָרֶץ (Gen 22:18)

(4) שְׁלוֹם[11] הַצֹּאן (Gen 37:14)

(5) מֵאַנְשֵׁי הַבַּיִת (Gen 39:11)

(6) עֶרְוַת[12] הָאָרֶץ (Gen 42:9)

---

[8] עֲבֹדָה work, labor, service, worship; also spelled עֲבוֹדָה

[9] מַלְאָךְ messenger, angel

[10] כּוֹכָב star

[11] שָׁלוֹם peace, welfare, wholeness, deliverance

[12] עֶרְוָה nakedness

(7) וְאֵלֶּה שְׁמוֹת בְּנֵי יִשְׂרָאֵל (Ex 1:1)

(8) עַם בְּנֵי יִשְׂרָאֵל (Ex 1:9)

(9) יְשׁוּעַת[13] יְהוָה (Ex 14:13)

(10) יוֹם הַשַּׁבָּת[14] (Ex 20:8)

(11) כָּל־דִּבְרֵי יְהוָה (Ex 24:3)

(12) סֵפֶר הַבְּרִית (Ex 24:7)

(13) כְּבוֹד־יְהוָה (Ex 24:16)

(14) אַחֲרֵי מוֹת מֹשֶׁה עֶבֶד יְהוָה (Josh 1:1)

(15) מֵאֶרֶץ מִצְרַיִם מִבֵּית עֲבָדִים (Josh 24:17)

(16) רֶכֶב[15]־אֵשׁ וְסוּסֵי אֵשׁ (2 Kgs 2:11)

(17) הַר בֵּית־יְהוָה (Isa 2:2)

(18) בִּשְׁנַת־מוֹת הַמֶּלֶךְ (Isa 6:1)

---

[13] יְשׁוּעָה salvation, help, deliverance
[14] שַׁבָּת (cs) Sabbath, period of rest
[15] רֶ֫כֶב chariot, (collective) chariots or chariot riders

(19) דַּעַת[16] אֱלֹהִים בָּאָרֶץ (Hos 4:1)

(20) תּוֹרַת מֹשֶׁה (Mal 3:22 [English 4:4])

Construct Nouns: Part 1. Give the construct form for each of the following absolute nouns (see 10.5 in the grammar).

			Construct Form
1.	יֶ֫לֶד	(boy)	יֶ֫לֶד
2.	נָהָר	(river)	
3.	כּוֹכָבִים	(stars)	
4.	נַ֫עַר	(young man)	
5.	עַמִּים	(people)	
6.	כֹּהֲנִים	(priests)	
7.	לֶ֫חֶם	(bread)	
8.	סֵ֫פֶר	(book)	
9.	עָנָן	(cloud)	
10.	גְּמַלִּים	(camels)	
11.	רָעָב	(famine)	
12.	גָּמָל	(camel)	
13.	שֶׁ֫קֶל	(shekel)	
14.	הֵיכָל	(temple)	
15.	מַלְכָּה	(queen)	

[16] דַּ֫עַת knowledge, understanding, ability

16. בָּנִים (sons)

17. כֶּ֫רֶם (vineyard)

18. מַלְאָךְ (messenger)

19. שָׂדוֹת (fields)

20. שָׁנָה (year)

21. תְּפִלָּה (prayer)

22. לֵבָב (heart)

23. נְאֻם (saying)

24. מְקוֹמוֹת (places)

25. מִשְׁפָּטִים (judgments)

26. הֵיכָלִים (temples)

27. גְּבוּלִים (borders)

28. דָּבָר (word)

29. מִשְׁפָּט (judgment)

30. סוּס (horse)

31. שֵׁמוֹת (names)

32. תּוֹרָה (law)

33. גִּבּוֹר (warrior)

34. פָּנִים (face)

35. יָמִים (days)

36. יַמִּים (seas)

37. גִּבְעָה (hill)

38. בָּשָׂר (flesh)

39. נְבִיאִים (prophets)

40. שֻׁלְחָן (table)

Construct Nouns: Part 2. Give the following irregular construct forms for each of the following absolute nouns. Most of these forms appear in chapter 10 of the grammar or in the grammar's lexicon.

Construct Form

1. בַּ֫יִת (house) בֵּית
2. אִשָּׁה (woman)
3. בֵּן (son)
4. זָקֵן (elder)
5. מָ֫וֶת (death)
6. בְּרָכָה (blessing)
7. מַ֫יִם (water)
8. אָב (father)
9. מְלָכִים (kings)
10. אֲנָשִׁים (men)
11. אָח (brother)
12. דְּבָרִים (words)
13. יָד (hand)
14. נָשִׁים (women)
15. בָּתִּים (houses)

Hebrew Composition. With the use of the grammar's lexicon when necessary, compose the following construct chains in Hebrew.

1. the voice of the good king

2. the wicked king of the land

3. the king of the wicked land

4. the wives of the king

5. the wives of the good king

6. the good wives of the king

7. the men of the temple

8. the words of the good prophet

9. the good words of the prophet

10. the wicked daughter of the prophet

11. the daughters of that woman

12. the wife of that man

13. the wife of this man

14. the righteouness of the good king

15. the death of that king

16. the blessing of the upright prophet

17. the good laws of the land

18. the laws of the good land

19. the blessing of the upright judge

20. the names of the sons of Israel

Exercise 11

Hebrew Numbers

Bible Translation. Translate the following biblical texts that contain Hebrew numbers.

(1)   וַיְחִי¹ אָדָם שְׁלֹשִׁים וּמְאַת שָׁנָה (Gen 5:3)

(2)   וַיְחִי־שֵׁת² חָמֵשׁ שָׁנִים וּמְאַת שָׁנָה (Gen 5:6)

(3)   וַיְחִי אֱנוֹשׁ³ תִּשְׁעִים שָׁנָה (Gen 5:9)

(4)   וַיְחִי קֵינָן⁴ שִׁבְעִים שָׁנָה (Gen 5:12)

(5)   וַיְחִי מַהֲלַלְאֵל⁵ חָמֵשׁ שָׁנִים וְשִׁשִּׁים שָׁנָה (Gen 5:15)

---

¹ וַיְחִי "and (he) lived"

² שֵׁת Seth

³ אֱנוֹשׁ Enosh

⁴ קֵינָן Kenan

⁵ מַהֲלַלְאֵל Mahalalel

(6)   וַיְחִי־יֶרֶד⁶ שְׁתַּיִם וְשִׁשִּׁים שָׁנָה וּמְאַת שָׁנָה (Gen 5:18)

(7)   וַיְחִי מְתוּשֶׁלַח⁷ שֶׁבַע וּשְׁמֹנִים שָׁנָה וּמְאַת שָׁנָה (Gen 5:25)

(8)   וַיִּהְיוּ⁸ כָּל־יְמֵי מְתוּשֶׁלַח תֵּשַׁע וְשִׁשִּׁים שָׁנָה וּתְשַׁע מֵאוֹת שָׁנָה (Gen 5:27)

(9)   וַיְחִי־לֶמֶךְ⁹ שְׁתַּיִם וּשְׁמֹנִים שָׁנָה וּמְאַת שָׁנָה (Gen 5:28)

(10)   וַיְהִי־נֹחַ¹⁰ בֶּן־חֲמֵשׁ מֵאוֹת שָׁנָה (Gen 5:32)

(11)   וַיְהִי־שָׁם עִם־יְהוָה אַרְבָּעִים יוֹם וְאַרְבָּעִים לַיְלָה (Ex 34:28)

(12)   וַיְנִעֵם¹¹ בַּמִּדְבָּר אַרְבָּעִים שָׁנָה (Num 32:13)

---

⁶ יֶרֶד Jared

⁷ מְתוּשֶׁלַח Methuselah

⁸ וַיִּהְיוּ "and (they) were"

⁹ לֶמֶךְ Lamech

¹⁰ וַיְהִי־נֹחַ "and Noah was"

¹¹ וַיְנִעֵם "and he made them wander"

Exercise 12a

Introduction to Hebrew Verbs

Identify each of the following verbs (given in their lexical form) as either strong or weak. For each verb that is weak, give its classification (I-Guttural, II-Guttural, III-ה, etc.). Consult the chart in 12.13 of the grammar.

		Strong or Weak	*Weak Classification*
1.	עָמַד	**weak**	**I-Guttural**
2.	גָּאַל		
3.	בָּרַח		
4.	קָטַל		
5.	קָבַץ		
6.	עָשָׂה		
7.	בָּנָה		
8.	אָהַב		
9.	כָּתַב		
10.	סָבַב		
11.	מָצָא		
12.	שָׁמַע		
13.	רָעָה		
14.	שָׁמַר		
15.	עָלָה		

Translation. With the introduction of the Hebrew verbal system in this lesson, Qal Perfect verbs will now be used in the translation exercises. Most of the following sentences will have one or two Perfect verbs, usually with one at the beginning of the sentence. All of these forms are 3ms and should be translated by the English simple past tense. For your reference, the following verbs will appear in these translations. Consult the grammar's lexicon when necessary.

בָּרָא	(he) created	מָצָא	(he) found
בֵּרַךְ	(he) blessed	נָתַן	(he) gave
שָׁמַר	(he) observed, kept	צָעַק	(he) cried out
בָּנָה	(he) built	חָטָא	(he) sinned
שָׁלַח	(he) sent	זָכַר	(he) remembered

(1) בָּרָא אֱלֹהִים אֵת הַשָּׁמַיִם וְאֵת הָאָרֶץ

(2) בֵּרַךְ הַנָּבִיא הַצַּדִּיק אֶת־הַמֶּלֶךְ הַיָּשָׁר וְאֶת־בָּנָיו

(3) שָׁמַר הַנַּעַר אֶת־דִּבְרֵי הַנָּבִיא הַטּוֹב הַזֶּה

(4) בָּנָה הַנַּעַר בַּיִת חָדָשׁ[1] אֵצֶל[2] הָעִיר הַגְּדוֹלָה

(5) אֵלֶּה שְׁמוֹת בְּנֵי יִשְׂרָאֵל

[1] חָדָשׁ (adj) new, fresh

[2] אֵצֶל (prep) beside, near

(6) שָׁלַח הַשֹּׁפֵט אֶת־מַלְאָכוֹ אֶל־בַּת הַנָּבִיא הָרָעָה

(7) צַדִּיק הַכֹּהֵן הַזֶּה מֵהַמֶּ֫לֶךְ הַהוּא

(8) בָּנָה הַמֶּ֫לֶךְ אֶת־הַהֵיכָל הַגָּדוֹל בֵּין־הַנָּהָר וּבֵין־הָהָר

(9) בַּמִּלְחָמָה הַהִיא שָׁלַח הַזָּקֵן הֶחָכָם אֶת־אָבִ֫יהוּ וְאֶת־בָּנָיו אֶל־הֶעָרִים הַקְּטַנּוֹת

(10) מָצָא עֶ֫בֶד הַמֶּ֫לֶךְ אֶת־תּוֹרַת אֱלֹהִים בַּהֵיכָל הַגָּדוֹל

(11) נָתַן אֱלֹהִים אֶת־דְּבָרוֹ וְאֶת־תּוֹרָתוֹ וְאֶת־מִצְוֹתָיו לְאַנְשֵׁי הָעִיר הָרָעָה

(12) צָעַק הַנָּבִיא בְּקוֹל גָּדוֹל כִּי חָטָא הַמֶּ֫לֶךְ חַטָּאוֹת רַבּוֹת לִפְנֵי יְהוָה

(13) זָכַר יְהוָה אֶת־בְּרִיתוֹ עִמָּ֫נוּ וְאֶת־עַמּוֹ

(14) הֲשָׁלַח יְהוָה אֶת־נְבִיאָיו אֶל־הַמַּלְכָּה הָרָעָה

Choosing and Using a Hebrew Lexicon

In order to successfully read and study biblical Hebrew, the extensive use of a standard Hebrew lexicon is required. Many of the remaining exercises in this workbook have been constructed in such a way as to require the use of a lexicon.

A lexicon is basically a dictionary. You know that a dictionary is a reference work that contains words with information about their forms, pronunciations, etymologies, functions, meanings, and syntactical and idiomatic uses. In your study of Hebrew language and exegesis, you will encounter and use two types of lexicons: *standard* and *analytical*. The most important is the standard lexicon.

The Standard Lexicon

For the beginning student, the choice of a standard lexicon is somewhat limited. For reasons of cost and quality, there are basically two possibilities.[1]

> Brown, F., S. R. Driver, and C. A. Briggs. *A Hebrew and English Lexicon of the Old Testament*. Oxford: Clarendon, 1907.[2]

> Holladay, W. L. *A Concise Hebrew and Aramaic Lexicon of the Old Testament*. Grand Rapids: Eerdmans, 1988.

The first lexicon listed above is better known as BDB, a popular designation based on the initials of the last names of the editors. Unfortunately, this volume has two significant liabilities: (1) it is seriously outdated, and (2) despite a cross-referencing system, it is very difficult for a beginning student to use because its entries are not arranged alphabetically but according to verbal root. For example, the noun מִצְוָה (command) is not entered alphabetically under מ but under צ because the noun מִצְוָה is derived from the verbal root צָוָה (to command). In this example, you should have little difficulty identifying the verbal root from which the noun is derived. Unfortunately, the verbal root for many entries is not as easy to identify. For example, the noun מוֹשָׁב is listed under יָשַׁב, תּוֹדָה under יָדָה and עֵצָה under יָעַץ. As you can see, the ordering of BDB by verbal root requires a fairly advanced understanding of the so-called weak verbal roots. All of this is certainly not to suggest that BDB is unusable by the beginning student. Just be aware that it can be difficult to find certain words in BDB.[3] For those who are serious about studying the Old Testament

---

[1] For additional lexical resources, see sections 36.8.3 and 36.8.5 in the grammar.

[2] Reprinted as *The New Brown-Driver-Briggs-Gesenius Hebrew and English Lexicon*. Peabody: Hendrickson, 1979.

[3] There are two resources available that can help with navigating BDB. The first is an index arranged by chapter and verse: Bruce Einspahr, *Index to Brown, Driver & Briggs Hebrew Lexicon* (Chicago: Moody Press, 1976). The second resource is the electronic version of BDB available with *Accordance Bible Software* (developed by OakSoft Software, Inc. [www.OakSoft.com]).

in its original language, BDB should certainly be a part of your reference library.

For the beginning student who is in the process of acquiring basic translation skills, the Holladay lexicon is to be preferred. Though it is an abridged version of an earlier lexicon,[4] its great advantage over BDB is that it offers an alphabetical ordering of all entries rather than an arrangement by verbal root. So, for example, the nouns מוֹשָׁב, תּוֹדָה and עֵצָה are listed alphabetically under the first consonant of each word rather than under their verbal roots. This is an immense advantage for the beginning student and can prevent a lot of unnecessary frustration. This advantage also compensates for the fact that Holladay is not a full reference lexicon. Holladay is simply easier to use than BDB. When you are instructed to consult a standard lexicon in the exercises of this grammar, therefore, it is the Holladay lexicon that is recommended.

It takes time to learn how to use any lexicon effectively. While it is not our intention to provide exhaustive instructions on the use of the Holladay lexicon, a few suggestions and observations should be helpful.

1. Given that words are entered alphabetically in the Holladay lexicon, make sure that you have memorized the alphabet in its proper sequence. If you have not memorized the Hebrew alphabet in order, it will be difficult to look up words. For some, it is helpful to tab the lexicon.

2. Remember that many consonants sound and look alike. Be certain that your search in the lexicon is conducted with the correct consonants and vowels. For example, the consonant שׂ precedes שׁ in the lexicon and your best efforts will not locate שַׂר (official, leader) under שׁ. Similarly, confusion of the gutturals א and ע will produce difficulty as with אִם (if) and עִם (with). Imagine the awkwardness of a translation that confuses אֵימָה (terror, fear) with אָמָה (maidservant).

3. Holladay is both a Hebrew and an Aramaic lexicon. While there is much in common between the two languages, you must restrict your search to the Hebrew portion of the lexicon. The Aramaic entries are listed in the last few pages of the lexicon (396–425).

4. In the Holladay lexicon, words are located according to the sequence of consonants and not according to vowels. The one important exception is that the ו and י of the unchangeable long vowels (vowel letters) are considered to be consonantal. For example, תְּהִלָּה (praise, glory) precedes תּוֹדָה (song of thanksgiving) because the Holem Waw of תּוֹדָה is treated as a consonant in terms of location in the lexicon.

5. Nouns are listed in a standard lexicon in their singular (lexical) form, such as דָּבָר (ms) or תּוֹרָה (fs). The entry is sometimes followed by gender identification and the frequency of occurrence in parentheses. Variant spellings of a noun (such as defective spelling) are sometimes provided immediately after the lexical form or

---

[4] L. Koehler and W. Baumgartner, *Lexicon in Veteris Testamenti Libros* (Leiden: Brill, 1958).

after the frequency statistic. Before the range of a word's meaning is given, a number of additional forms are listed that generally include: the construct singular form, the singular noun with selected pronominal suffixes, the absolute plural form, the construct plural form, and the plural form with a selection of pronominal suffixes (the dual form of a noun is sometimes included). This selection of forms is then followed by the range of meaning, often with specific biblical references. Remember, however, that the Holladay lexicon is an abridged lexicon and so the presentation of word meaning and biblical attestation is not comprehensive. In order to get a sense of the arrangement of noun entries, look over the entries for דָּבָר (word), תּוֹרָה (law), מַלְאָךְ (messenger), and אֶבֶן (stone).

6. Verbs are listed in a standard lexicon in their Qal Perfect 3ms form, such as כָּתַב (to write) or בָּנָה (to build). The only exception to this practice is the listing of Biconsonantal verbs in their Qal Infinitive Construct form (see 14.12 in the grammar). As with nouns, frequency statistics are sometimes provided for verbs. Entries are arranged according to a verb's attestation in the Qal and derived stems. For example, the verb אָכַל (to eat) is presented in the categories of Qal, Niphal, Pual, and Hiphil because these are the stems in which this verb is attested. For this same reason, the verb גָּנַב (to steal) is presented in the categories of Qal, Niphal, Piel, Pual, and Hithpael. When looking up a verb in the lexicon, it is important that you correctly identify the verbal stem and consult the appropriate category for verbal meaning. In other words, when you are looking for the definition of a particular verb and that verb appears in the biblical text as a Niphal, you must be sure to check its meaning in the Niphal category.

   After you have located the correct verb and identified the correct stem, you will encounter two basic types of information. First, you will see a selection of inflected forms (Perfect, Imperfect, Imperative, etc.). Next, the range of verbal meaning is given (with a small selection of specific biblical references). The Perfect and Imperfect selection will frequently include forms with pronominal suffixes. Sometimes suffixes are shown on the Imperative, Infinitive, and Participle. Note, however, that the person, gender, and number of the suffixes are not identified nor are the Infinitives labeled as Construct or Absolute. In order to get a sense of the arrangement of verbal entries, consult the verbs שָׁמַר (to keep, guard, observe), זָכַר (to remember), מָצָא (to find), עָלָה (to go up), and קוּם (to rise up).

7. The arrangement of entries for other parts of speech is similar to that of nouns and verbs. Familiarity with how all of the entries are arranged will come from your frequent use of the lexicon.

8. Unfortunately, the Holladay lexicon does not translate or give the meaning for most proper names. Masculine names of persons, places, and gentilics (Egyptian, Israelite, Moabite, etc.) are simply identified as "n.pers." and feminine forms are labeled "n.pers.f."

9.   It is best to begin your exposure to the Holladay lexicon by reading the introduction and then familiarizing yourself with the list of abbreviations located in the beginning of the lexicon.

10.   The effective use of any lexicon takes time, concentration, and a concern for painstaking detail. Be patient! With persistence, you will gradually acquire the ability to use a standard lexicon effectively.

The Analytical Lexicon

The comments above have focused on choosing and using a standard lexicon. As noted at the beginning of this discussion, there is another type of lexicon that is known as an "analytical lexicon." An analytical lexicon is basically a parsing guide. Though not essential for learning Hebrew or doing exegesis, an analytical lexicon can be a helpful and timesaving resource for the beginning student. Unlike a standard lexicon, an analytical lexicon lists inflected forms with full parsing information. For example, if you were unable to identify a form like כָּתַ֫בְתָּ (an inflected verbal form), an analytical lexicon will provide its full parsing information (Qal Perfect 2ms from כָּתַב) with translation. Similarly, a noun or preposition with a pronominal suffix will be identified by its lexical form and the person, gender, and number of the suffix.

The analytical lexicon that is the easiest to use is the work by J. J. Owens, *Analytical Key to the Old Testament* (Grand Rapids: Baker, 1989). These volumes are arranged according to the canonical ordering of the Old Testament in the Protestant tradition (Genesis–Malachi), progressing chapter by chapter and verse by verse. Every word or phrase in each verse is identified together with its page location in BDB. The translation of each word or phrase generally follows the Revised Standard Version (RSV). Other analytical lexicons include those by B. Davidson, *Analytical Hebrew and Chaldee Lexicon* (New York: Harper & Brothers, 1956) and T. S. Beall and W. A. Banks, *Old Testament Parsing Guide* (Chicago: Moody Press, 1986).[5]

---

[5] It should be noted that similar resources are emerging in electronic formats. For example, the excellent product *Accordance Bible Software* has successfully integrated both analytical and standard features into their software. The advantage of this type of resource is that there is both ease of use and depth of content.

Exercise 13

Qal Perfect - Strong Verbs

Paradigm Memorization. Before working through the following exercises, you must first memorize the Qal Perfect paradigm of קָטַל (13.5). After doing this, you should practice with other strong verbs. The vocabulary for chapter 13 contains a number of strong verbs that can be used for this type of exercise (see 13.7). Remember to start with the 3ms form and conclude with the 1cp form. Finally, be sure to practice both the writing and the oral recitation of the paradigm.

Parsing. Identify the verbal stem, conjugation, person, gender, number, and lexical form of the following verbs.

		Stem	*Conjugation*	*PGN*	*Lexical Form*
1.	שְׁמַרְתֶּם	**Qal**	**Perfect**	**2mp**	שָׁמַר
2.	כָּתַב				
3.	רָֽדְפוּ				
4.	זָכַ֫רְתָּ				
5.	יָֽלְדָה				
6.	זָכַרְתְּ				
7.	קָבַ֫צְתִּי				
8.	יְשַׁבְתֶּן				
9.	שָׁמַ֫רְנוּ				
10.	זָכַ֫רְנוּ				

Translation. Translate the following Hebrew sentences into English. The section below entitled "Hebrew Composition" constitutes the answer key. Consult the grammar's lexicon when necessary.

(1) שְׁמַרְתֶּם אֶת־הַתּוֹרוֹת

(2) כָּתַב הַנָּבִיא בַּסֵּפֶר

(3) רָֽדְפוּ[1] אֶת־הָאֲנָשִׁים

(4) זָכַ֫רְתָּ אֶת־הַבְּרִית

(5) יָֽלְדָה[2] הָאִשָּׁה בָּנִים רַבִּים

(6) זָכַרְתְּ אֶת־דִּבְרֵי הַנְּבִיאִים

(7) קָבַ֫צְתִּי[3] אֶת־אַנְשֵׁי הָעִיר

(8) יְשַׁבְתֶּן בָּעִיר הָרָעָה[4]

(9) שָׁמַ֫רְנוּ אֶת־הַתּוֹרוֹת וְאֶת־הַמִּצְוֹת

(10) זָכַ֫רְנוּ אֶת־תּוֹרוֹתָיו

---

[1] רָדַף (Q) to pursue, follow after, chase, persecute

[2] יָלַד (Q) to bear (children), give birth, bring forth, beget

[3] קָבַץ (Q) to collect, gather, assemble

[4] רָעָה evil, wickedness, calamity, disaster

Bible Translation. With the use of a standard lexicon, translate the following biblical texts. Be prepared to parse all verbs. Biblical texts marked with an asterisk (*) have been modified.

אֲבִימֶלֶךְ	Abimelech	יְרוּשָׁלַיִם	Jerusalem (יְרוּשָׁלִַם)
אַבְרָם	Abram	יִשְׂרָאֵל	Israel
הָגָר	Hagar	יַעֲקֹב	Jacob
חֶבְרוֹן	Hebron	מִצְרַיִם	Egypt
חֹרֵב	Horeb	מִצְרִית	Egyptian
יְהוּדָה	Judah	שָׂרַי	Sarai
יְהוֹשֻׁעַ	Joshua		

(1) וְשָׂרַי אֵשֶׁת אַבְרָם לֹא יָלְדָה לוֹ וְלָהּ שִׁפְחָה מִצְרִית וּשְׁמָהּ הָגָר (Gen 16:1)

(2) וְאֵת כָּל־הַמְּלָכִים הָאֵלֶּה וְאֶת־אַרְצָם לָכַד יְהוֹשֻׁעַ פַּעַם אֶחָת (Josh 10:42)

(3) 6 יָשַׁב יַעֲקֹב בְּאֶרֶץ מִצְרַיִם וְכָל זַרְעוֹ אִתּוֹ 7 וּבָנָיו וּבְנֵי בָנָיו אִתּוֹ וּבְנוֹתָיו וּבְנוֹת בָּנָיו
אִתּוֹ (Gen 46:6-7*)

(4) בָּטַחְתִּי בְחֶסֶד־אֱלֹהִים עוֹלָם וָעֶד (Ps 52:10 [English 52:8])

(5) זֶה־יָדַעְתִּי כִּי־אֱלֹהִים לִי (Ps 56:10 [English 56:9])

(6) בַּיּוֹם הַהוּא כָּרַת יְהוָה אֶת־אַבְרָם בְּרִית לֵאמֹר[5] לְזַרְעֲךָ נָתַתִּי אֶת־הָאָרֶץ הַזֹּאת מִנְּהַר מִצְרַיִם עַד־הַנָּהָר הַגָּדֹל[6] נְהַר־פְּרָת[7] (Gen 15:18)

(7) רְאֵה[8] נָתַתִּי לְפָנֶיךָ הַיּוֹם אֶת־הַחַיִּים וְאֶת־הַטּוֹב וְאֶת־הַמָּוֶת וְאֶת־הָרָע (Deut 30:15)

(8) וַיֹּאמֶר[9] אֲבִימֶלֶךְ מַה־זֹּאת עָשִׂיתָ לָּנוּ[10] (Gen 26:10)

(9) בְּחֶבְרוֹן מָלַךְ עַל־יְהוּדָה שֶׁבַע שָׁנִים וְשִׁשָּׁה חֳדָשִׁים וּבִירוּשָׁלַםִ מָלַךְ שְׁלֹשִׁים וְשָׁלֹשׁ שָׁנָה עַל כָּל־יִשְׂרָאֵל וִיהוּדָה (2 Sam 5:5)

(10) יְהוָה אֱלֹהֵינוּ כָּרַת עִמָּנוּ בְּרִית בְּחֹרֵב (Deut 5:2)

(11) וְהִנֵּה נָפְלוּ אֲבוֹתֵינוּ בֶּחָרֶב וּבָנֵינוּ וּבְנוֹתֵינוּ וְנָשֵׁינוּ בַּשְּׁבִי[11] עַל־זֹאת (2 Chr 29:9)

---

5 לֵאמֹר "saying"

6 הַגָּדוֹל = הַגָּדֹל

7 נְהַר־פְּרָת "Euphrates River"

8 רְאֵה "Look!" or "See!"

9 וַיֹּאמֶר "and (he) said"

10 לָּנוּ = לָנוּ

11 בַּשְּׁבִי "in captivity"

(12) וַיֹּאמֶר[12] מֹשֶׁה אֲלֵהֶם הוּא הַלֶּחֶם אֲשֶׁר נָתַן יְהוָה לָכֶם לְאָכְלָה (Ex 16:15)

Inflecting Verbs. Give the following forms in Hebrew.

1. Qal Perfect 3cp נָפַל
2. Qal Perfect 1cp שָׁמַר
3. Qal Perfect 3ms פָּקַד
4. Qal Perfect 2ms זָכַר
5. Qal Perfect 2fp כָּתַב
6. Qal Perfect 3fs לָכַד
7. Qal Perfect 2fs קָטַל
8. Qal Perfect 1cs יָשַׁב
9. Qal Perfect 2mp יָרַשׁ
10. Qal Perfect 2ms נָתַן[13]
11. Qal Perfect 2mp נָתַן
12. Qal Perfect 1cs נָתַן
13. Qal Perfect 1cp שָׁכַן
14. Qal Perfect 1cs כָּרַת[14]
15. Qal Perfect 2fp כָּרַת

---

[12] וַיֹּאמֶר "and (he) said"

[13] In this verbal root with נ in third root position, remember the assimilation of this final נ into the ת of the inflectional ending. The Daghesh Forte in the final ת of this 2ms form represents the assimilated third consonant of the verbal root (13.9). This process of assimilation of נ will take place in numbers 10-13 of this exercise.

[14] As discussed in section 13.8 of the grammar, a final ת in a verbal root will assimilate in those Perfect forms that have sufformatives that begin with ת. The assimilated ת will remain as a Daghesh Forte in the Perfect sufformative. In other words, תת will become תּ.

Hebrew Composition. Write each of the sentences below in Hebrew. The section above entitled "Translation" constitutes the answer key to this exercise.

1.   You (2mp) observed the laws.

2.   The prophet wrote in the book.

3.   They pursued the men.

4.   You (2ms) remembered the covenant.

5.   The woman bore many sons.

6.   You (2fs) remembered the words of the prophets.

7.   I gathered the men of the city.

8.   You (2fp) dwelt in the wicked city.

9.   We observed the laws and the commandments.

10.   We remembered his laws.

Exercise 14a

Qal Perfect - Weak Verbs

In this exercise, we will focus on the following Qal Perfect weak verb categories: I-Guttural, II-Guttural , III-ח/ע , III-א , III-ה, and Doubly Weak.

Parsing. Identify the verbal stem, conjugation, person, gender, number, and lexical form of the following verbs.

		Stem	*Conjugation*	*PGN*	*Lexical Form*
1.	עָלוּ	**Qal**	**Perfect**	**3cp**	עָלָה
2.	עֲבַדְתֶּם				
3.	אָֽכְלוּ				
4.	הָֽלְכָה				
5.	שָׁמַ֫עְתָּ				
6.	יָצָ֫אנוּ				
7.	בָּֽנְתָה				
8.	חָטָאת				
9.	נָשָׂ֫אתִי				
10.	עָשִׂ֫יתָ				
11.	רָאֲתָה				
12.	כָּרַ֫תָּ				
13.	הָֽיְתָה				
14.	עֲשִׂיתֶם				

15. בָּנוּ

16. כָּלָה

17. רָאוּ

18. הָלְכוּ

19. נָתַן

20. שָׁלַ֫חְתִּי

Translation. Translate the following Hebrew sentences into English. Consult the grammar's lexicon when necessary. The section below entitled "Hebrew Composition" constitutes the answer key.

(1) עָלוּ הָאֲנָשִׁים אֶל־הָעִיר הַגְּדוֹלָה

(2) עֲבַרְתֶּם אֶת־מִצְוֹת הַתּוֹרָה

(3) אָֽכְלוּ הָאִישׁ וְהָאִשָּׁה אֶת־הַפְּרִי[1]

(4) הָֽלְכָה הָאִשָּׁה אֶל־הַהֵיכָל

(5) שָׁמַ֫עְתָּ אֶת־מִצְוֹת הַמֶּ֫לֶךְ

(6) יָצָ֫אנוּ מִן־הָעִיר הָרְשָׁעָה

(7) בָּֽנְתָה הַמַּלְכָּה הֵיכָל גָּדוֹל

(8) חָטָאת[2] חַטָּאוֹת רַבּוֹת לִפְנֵי יְהוָה

(9) נָשָׂ֫אתִי אֶת־הָאֲבָנִים הָאֵ֫לֶּה

[1] פְּרִי fruit, offspring

[2] חָטָא (Q) to miss (a goal or mark), sin, commit a sin

(10) עָשִׂיתָ חֶסֶד עִמָּנוּ וְאֵת עַמֵּי הָאָרֶץ

(11) רָאֲתָה צֶלֶם[3] גָּדוֹל

(12) כָּרַתָּ[4] בְּרִית עִם־עַמִּי

(13) הָיְתָה הָאִשָּׁה יְפַת תֹּאַר[5] וִיפַת מַרְאֶה[6]

(14) עֲשִׂיתֶם חֶסֶד אִתָּנוּ

(15) בָּנוּ הַכֹּהֲנִים מִזְבְּחוֹת רַבּוֹת עַל־הַגִּבְעָה[7]

(16) בַּשָּׁנָה הַהִיא כָּלָה[8] הָרָעָב[9]

(17) עָלוּ הָאֲנָשִׁים אֶל־הָעִיר וְרָאוּ אֶת־צֹאן אֲבִיהֶם

(18) הָלְכוּ הַגִּבּוֹרִים[10] אֶל־מָקוֹם רָחוֹק

(19) נָתַן הַנָּבִיא בְּרָכָה לַמַּלְכָּה[11]

(20) הָלְכָה הַשִּׁפְחָה[12] אֶל־הַנַּעַר הֶעָשִׁיר[13]

---

3 צֶלֶם image, idol

4 כָּרַת (Q) to cut off, cut down, (with בְּרִית) make a covenant

5 תֹּאַר form, shape, appearance

6 מַרְאֶה vision, sight, appearance

7 גִּבְעָה hill

8 כָּלָה (Q) to (be) complete, be finished, be at an end, come to an end

9 רָעָב famine, hunger

10 גִּבּוֹר (adj) mighty, valiant, heroic; (n) hero

11 מַלְכָּה queen

12 שִׁפְחָה female slave, slave girl, maidservant

13 עָשִׁיר (adj) rich, wealthy

Bible Translation. With the use of a standard lexicon, translate the following biblical texts. Be prepared to parse all verbs. Verses marked with an asterisk (*) have been modified.

אֲבִימֶלֶךְ	Abimelech	כְּנָעַן	Canaan
אַבְרָם	Abram	עֵשָׂו	Esau
הָגָר	Hagar	מִצְרִית	Egyptian
יִשְׂרָאֵל	Israel	נֹחַ	Noah
פַּרְעֹה	Pharaoh	שָׂרַי	Sarai

(1) בָּרָא אֱלֹהִים אֵת הַשָּׁמַיִם וְאֵת הָאָרֶץ (Gen 1:1)

(2) אֵלִי אֵלִי לָמָה עֲזַבְתָּ אֹתִי (Ps 22:2* [English 22:1])

(3) נָגַע יְהוָה אֶת־פַּרְעֹה נְגָעִים גְּדוֹלִים וְאֶת־בֵּיתוֹ עַל־דְּבַר שָׂרַי אֵשֶׁת אַבְרָם (Gen 12:17 *)

(4) אָמַר אֱלֹהִים אֶל־נֹחַ זֹאת אוֹת־הַבְּרִית אֲשֶׁר נָתַתִּי בֵּינִי וּבֵין כָּל־בָּשָׂר אֲשֶׁר עַל־הָאָרֶץ (Gen 9:17 *)

(5) לָקְחָה שָׂרַי אֵשֶׁת־אַבְרָם אֶת־הָגָר הַמִּצְרִית שִׁפְחָתָהּ וְנָתְנָה אֹתָהּ לְאַבְרָם אִישָׁהּ לוֹ לְאִשָּׁה (Gen 16:3 *)

(6) וְהַנָּחָשׁ הָיָה עָרוּם מִכֹּל חַיַּת הַשָּׂדֶה אֲשֶׁר עָשָׂה יְהוָה אֱלֹהִים (Gen 3:1)

(7) בָּרָא אֱלֹהִים אֶת־הָאָדָם בְּצַלְמוֹ בְּצֶלֶם אֱלֹהִים בָּרָא אֹתוֹ זָכָר וּנְקֵבָה בָּרָא אֹתָם
(Gen 1:27*)

(8) עַתָּה יָדַעְתִּי כִּי־גָדוֹל יְהוָה מִכָּל־הָאֱלֹהִים (Ex 18:11)

(9) וַיֹּאמֶר[14] אֲבִימֶלֶךְ לֹא יָדַעְתִּי מִי עָשָׂה אֶת־הַדָּבָר הַזֶּה (Gen 21:26)

(10) וַיֹּאמֶר[15] הִנֵּה־נָא זָקַנְתִּי לֹא יָדַעְתִּי יוֹם מוֹתִי (Gen 27:2)

(11) עֵשָׂו לָקַח אֶת־נָשָׁיו מִבְּנוֹת כְּנָעַן (Gen 36:2)

(12) וְנֹחַ מָצָא חֵן בְּעֵינֵי יְהוָה (Gen 6:8)

(13) וַאֲנִי בְּחַסְדְּךָ בָטַחְתִּי (Ps 13:6 [English 13:5])

(14) אָמַר נָבָל בְּלִבּוֹ אֵין אֱלֹהִים (Ps 14:1)

---

[14] וַיֹּאמֶר "and (he) said"

[15] See previous note.

(15) וַיְדַבֵּר[16] מֹשֶׁה לִפְנֵי יְהוָה לֵאמֹר[17] הֵן בְּנֵי־יִשְׂרָאֵל לֹא־שָׁמְעוּ אֵלַי (Ex 6:12)

Inflecting Verbs. Give the following forms in Hebrew.

1. Qal Perfect 2mp עָבַד
2. Qal Perfect 3fs בָּחַר
3. Qal Perfect 2ms שָׁלַח
4. Qal Perfect 3cp הָרַג
5. Qal Perfect 2fs שָׁמַע
6. Qal Perfect 1cp שָׁכַח
7. Qal Perfect 2ms מָצָא
8. Qal Perfect 2fp הָלַךְ
9. Qal Perfect 3cp צָעַק
10. Qal Perfect 3fs חָפֵץ
11. Qal Perfect 2mp אָהַב
12. Qal Perfect 1cs שָׁאַל
13. Qal Perfect 1cp חָטָא
14. Qal Perfect 3cp רָעָה
15. Qal Perfect 2ms עָשָׂה
16. Qal Perfect 2fs עָלָה
17. Qal Perfect 2mp הָרַג

---

[16] וַיְדַבֵּר "and (he) spoke"
[17] לֵאמֹר "saying"

18.   Qal Perfect 1cs   שָׁמַע

19.   Qal Perfect 3fs   רָאָה

20.   Qal Perfect 3cp   בָּחַר

21.   Qal Perfect 1cp   שָׁתָה

22.   Qal Perfect 1cs   הָיָה

23.   Qal Perfect 3fs   אָהַב

24.   Qal Perfect 3cp   בָּנָה

25.   Qal Perfect 2fp   נָשָׂא

Hebrew Composition. Write each of the sentences below in Hebrew. The section above entitled "Translation" constitutes the answer key to this exercise.

1.   The men went up to the great city.

2.   You (2mp) transgressed the commandments of the law.

3.   The man and the woman ate the fruit.

4.   The woman went to the temple.

5.   You (2ms) heard the commandments of the king.

6.   We went out from the wicked city.

7.   The queen built a great temple.

8.   You (2fs) committed (literally, sinned) many sins before the Lord.

9.   I lifted up these stones.

10. You (2ms) performed (did) an act of kindness with us and with the people(s) of the land.

11. She saw a great image.

12. You (2ms) made (cut) a covenant with my people.

13. The woman was beautiful of form and beautiful of appearance.

14. You (2mp) performed (did) an act of kindness with us.

15. The priests built many altars upon the hill.

16. In that year the famine ended.

17. The men went up to the city and they saw the flock(s) of their father.

18. The warriors went to a distant place.

19. The prophet gave a blessing to the queen.

20. The maidservant went to the rich young man.

Exercise 14b

Qal Perfect - Weak Verbs

In this exercise, we will focus on Geminate and Biconsonantal Qal Perfect weak verbs.

Parsing. Identify the verbal stem, conjugation, person, gender, number, and lexical form of the following verbs. Consult a standard lexicon when necessary.

	Stem	*Conjugation*	*PGN*	*Lexical Form*
1. סָבְבוּ	**Qal**	**Perfect**	**3cp**	סָבַב
2. סַבּ֫וֹתָ				
3. שַׁלּוֹתֶם				
4. רָ֫צוּ				
5. אָר֫וֹנוּ				
6. נָס				
7. שָׁ֫בָה				
8. שָׁ֫רוּ				
9. שַׂ֫מְתִּי				
10. קָם				
11. בָּ֫אוּ				
12. סַבּ֫וֹנוּ				
13. שָׁ֫תוּ				
14. אָֽרְרוּ				
15. שָׁ֫מָה				

Translation. Translate the following Hebrew sentences into English. The section below entitled "Hebrew Composition" constitutes the answer key. Consult the grammar's lexicon when necessary.

(1) סָֽבְבוּ[1] הָאֲנָשִׁים אֶת־הָעִיר הַגְּדוֹלָה

(2) סַבּ֫וֹתָ[2] אֶת־הָאֲנָשִׁים הָרְשָׁעִים

(3) שַׁלּוֹתֶם[3] אֶת־הַזָּהָב וְאֶת־הַכֶּ֫סֶף

(4) בַּמִּלְחָמָה[4] רָ֫צוּ[5] מִן־שַׁ֫עַר הָעִיר

(5) אָ֫רוֹנוּ[6] אֶת־עַבְדֵי הַמַּלְכָּה הָרָעִים

(6) נָס[7] הַמַּלְאָךְ מִדְבָּ֫רָה

(7) שָׁ֫בָה[8] הָאִשָּׁה הַבַּ֫יְתָה

(8) שָׁ֫רוּ[9] שִׁיר חָדָשׁ[10] לֵאלֹהִים

(9) שַׂ֫מְתִּי אֶת־הַכְּלִי עַל־הַמִּזְבֵּחַ

---

[1] סָבַב (Q) to turn (about), go around, march around, surround

[2] סָבַב (Q) to turn (about), go around, march around, surround

[3] שָׁלַל (Q) to plunder, spoil, capture, rob

[4] מִלְחָמָה war, battle, struggle

[5] רוּץ (Q) to run

[6] אָרַר (Q) to curse

[7] נוּס (Q) to flee, escape

[8] שׁוּב (Q) to turn back, return, go back, come back, turn away from

[9] שִׁיר (Q) to sing

[10] חָדָשׁ (adj) new, fresh

(10) קָם מֶ֫לֶךְ חָדָשׁ[11] עַל־אֶ֫רֶץ מִצְרָ֫יִם

(11) בָּ֫אוּ הַנְּבִיאִים וְהַכֹּהֲנִים הָעִ֫ירָה

(12) בַּבֹּ֫קֶר סַבּ֫וֹנוּ[12] אֶת־הַבַּ֫יִת הַקָּטֹן

(13) שָׁ֫תוּ[13] הַזְּקֵנִים[14] אֶת־הַסֵּ֫פֶר בַּהֵיכָל

(14) אָֽרְרוּ[15] הַכֹּהֲנִים אֶת־אַנְשֵׁי הָעִיר הָרְשָׁעִים

(15) שָׂ֫מָה הַשִּׁפְחָה[16] אֶת־הַלֶּ֫חֶם עַל־הַשֻּׁלְחָן[17]

Bible Translation. With the use of a standard lexicon, translate the following biblical texts. Be prepared to parse all verbs. Verses marked with an asterisk (*) have been modified.

אֱמֹרִי	Amorite(s)	לוֹט	Lot
חָם	Ham	מִצְרַ֫יִם	Egypt
יוֹסֵף	Joseph	מֹשֶׁה	Moses
יֶ֫פֶת	Japheth	נֹחַ	Noah
יִצְחָק	Isaac	עִבְרִים	Hebrews
יִשְׂרָאֵל	Israel	פַּרְעֹה	Pharaoh
כְּנַ֫עַן	Canaan	שֵׁם	Shem

[11] חָדָשׁ (adj) new, fresh
[12] סָבַב (Q) to turn (about), go around, march around, surround
[13] שִׁית (Q) to set, put, place
[14] זָקֵן (adj) old; (n) elder
[15] אָרַר (Q) to curse
[16] מִשְׁפָּחָה family, clan
[17] שֻׁלְחָן table

(1)   וְזֹאת הַתּוֹרָה אֲשֶׁר־שָׂם מֹשֶׁה לִפְנֵי בְּנֵי יִשְׂרָאֵל (Deut 4:44)

(2)   וַיִּקְרְאוּ[18] אֶל־לוֹט וַיֹּאמְרוּ[19] לוֹ אַיֵּה הָאֲנָשִׁים אֲשֶׁר־בָּאוּ אֵלֶיךָ הַלָּיְלָה (Gen 19:5)

(3)   וַיֹּאמֶר[20] אֱלֹהִים לְנֹחַ קֵץ כָּל־בָּשָׂר בָּא לְפָנַי כִּי־מָלְאָה הָאָרֶץ חָמָס מִפְּנֵיהֶם (Gen 6:13)

(4)   שְׁנַיִם שְׁנַיִם בָּאוּ אֶל־נֹחַ אֶל־הַתֵּבָה זָכָר וּנְקֵבָה כַּאֲשֶׁר צִוָּה[21] אֱלֹהִים אֶת־נֹחַ (Gen 7:9)

(5)   בְּעֶצֶם[22] הַיּוֹם הַזֶּה בָּא נֹחַ וְשֵׁם־וְחָם וָיֶפֶת בְּנֵי־נֹחַ וְאֵשֶׁת נֹחַ וּשְׁלֹשֶׁת נְשֵׁי־בָנָיו אִתָּם אֶל־הַתֵּבָה (Gen 7:13)

(6)   כִּי־גֻנֹּב גֻּנַּבְתִּי[23] מֵאֶרֶץ הָעִבְרִים וְגַם־פֹּה לֹא־עָשִׂיתִי מְאוּמָה כִּי־שָׂמוּ אֹתִי בַּבּוֹר (Gen 40:15)

(7)   וְכָל־הָאָרֶץ בָּאוּ מִצְרַיְמָה לִשְׁבֹּר[24] אֶל־יוֹסֵף כִּי־חָזַק הָרָעָב בְּכָל־הָאָרֶץ (Gen 41:57)

---

[18] וַיִּקְרְאוּ "and they called"

[19] וַיֹּאמְרוּ "and they said"

[20] וַיֹּאמֶר "and (he) said"

[21] צִוָּה "(he) had commanded"

[22] בְּעֶצֶם הַיּוֹם הַזֶּה "on the very same day"

[23] כִּי־גֻנֹּב גֻּנַּבְתִּי "for I was indeed stolen"

[24] לִשְׁבֹּר "to buy grain"

(8)   וַיֹּאמֶר²⁵ אֲלֵהֶם לֹא כִּי־עֶרְוַת הָאָרֶץ בָּאתֶם לִרְאוֹת²⁶ (Gen 42:12)

(9)   וַיֹּאמֶר יוֹסֵף אֶל־אֶחָיו וְאֶל־בֵּית אָבִיו אֶעֱלֶה²⁷ וְאַגִּידָה²⁸ לְפַרְעֹה וְאֹמְרָה²⁹ אֵלָיו אַחַי וּבֵית־אָבִי אֲשֶׁר בְּאֶרֶץ־כְּנַעַן בָּאוּ אֵלָי (Gen 46:31)

(10) וַיֹּאמֶר אָבִי וְאַחַי וְצֹאנָם וּבְקָרָם וְכָל־אֲשֶׁר לָהֶם בָּאוּ מֵאֶרֶץ כְּנָעַן (Gen 47:1)

(11) וַיֹּאמְרוּ³⁰ אֶל־פַּרְעֹה לָגוּר³¹ בָּאָרֶץ בָּאנוּ כִּי־אֵין מִרְעֶה לַצֹּאן אֲשֶׁר לַעֲבָדֶיךָ כִּי־כָבֵד הָרָעָב בְּאֶרֶץ כְּנָעַן (Gen 47:4)

(12) וַיֹּאמֶר יְהוָה אֵלָיו מִי שָׂם פֶּה לָאָדָם הֲלֹא אָנֹכִי יְהוָה (Ex 4:11*)

(13) וָאֹמַר³² אֲלֵכֶם בָּאתֶם עַד־הַר הָאֱמֹרִי אֲשֶׁר־יְהוָה אֱלֹהֵינוּ נֹתֵן³³ לָנוּ (Deut 1:20)

---

²⁵ וַיֹּאמֶר "and he said"

²⁶ לִרְאוֹת "to see"

²⁷ אֶעֱלֶה "I will go up"

²⁸ וְאַגִּידָה "and I will speak"

²⁹ וְאֹמְרָה "and I will say"

³⁰ וַיֹּאמְרוּ "and they said"

³¹ לָגוּר "to sojourn"

³² וָאֹמַר "and I said"

³³ נֹתֵן "is giving"

(14)   וַיֹּאמֶר אֲלֵהֶם יִצְחָק מַדּוּעַ בָּאתֶם אֵלָי וְאַתֶּם שְׂנֵאתֶם אֹתִי (Gen 26:27)

(15)   וַיִּזְכֹּר[34] יוֹסֵף אֵת הַחֲלֹמוֹת אֲשֶׁר חָלַם לָהֶם וַיֹּאמֶר אֲלֵהֶם מְרַגְּלִים אַתֶּם לִרְאוֹת[35] אֶת־עֶרְוַת הָאָרֶץ בָּאתֶם (Gen 42:9)

Inflecting Verbs. Give the following forms in Hebrew.

1.   Qal Perfect 1cs   קָלַל

2.   Qal Perfect 3cp   שָׁלַל

3.   Qal Perfect 2ms   שָׁלַל

4.   Qal Perfect 2ms   אָרַר

5.   Qal Perfect 2fs   שׁוּב

6.   Qal Perfect 3cp   רוּץ

7.   Qal Perfect 2mp   אָרַר

8.   Qal Perfect 2fp   סָבַב

9.   Qal Perfect 3fs   קוּם

10.   Qal Perfect 3ms   סוּר

11.   Qal Perfect 2mp   נוּס

12.   Qal Perfect 1cp   סָבַב

13.   Qal Perfect 2ms   שִׂים

---

[34] וַיִּזְכֹּר "and (he) remembered"
[35] לִרְאוֹת "to see"

14. Qal Perfect 3ms   שִׁיר

15. Qal Perfect 3cp   קָלַל

16. Qal Perfect 3fs   שִׂים

17. Qal Perfect 3fs   שִׁית

18. Qal Perfect 1cs   בּוֹא

19. Qal Perfect 3fs   בּוֹא

20. Qal Perfect 3cp   שִׁית

Hebrew Composition. Write each of the following sentences in Hebrew. The section above entitled "Translation" constitutes the answer key to this exercise.

1. The men surrounded the great city.

2. You (2ms) surrounded the wicked men.

3. You (2mp) plundered the gold and the silver.

4. In the battle, they ran from the gate of the city.

5. We cursed the wicked servants of the queen.

6. The messenger fled to the wilderness.

7. The woman returned to the house.

8. They sang a new song to God.

9.   I put the vessel upon the altar.

10. A new king arose over the land of Egypt.

11. The prophets and the priests came to the city.

12. In the morning we surrounded the small house.

13. The elders put the book in the temple.

14. The priests cursed the wicked men of the city.

15. The maidservant placed the bread upon the table.

Exercise 15

Qal Imperfect - Strong Verbs

Paradigm Memorization. Before working through the following exercises, you must first memorize the Qal Imperfect paradigm of קָטַל (15.3). After doing this, you should practice with other strong verbs (see 15.5 for other strong verbs). Be sure to practice both the written and the oral recitation of the paradigm.

Parsing. Identify the verbal stem, conjugation, person, gender, number, and lexical form of the following verbs. Be alert to the presence of the interrogative particle on some forms.

	Stem	*Conjugation*	*PGN*	*Lexical Form*	*Prefix/Suffix*
1. תִּמְכְּרוּ					
2. יִרְדֹּף					
3. תִּקְבֹּץ					
4. תִּכְרְתוּ					
5. יִשְׁמְרוּ					
6. נִשְׁמֹר					
7. יִמְלְכוּ					
8. תִּזְכֹּרְנָה					
9. תִּכְתְּבִי					
10. אֶשְׂרֹף					
11. אֶשְׁבֹּר					
12. הֲתִשְׂרְפוּ					
13. הֲיִמְכֹּר					
14. הֲתִזְכֹּר					
15. אֶדְרֹשׁ					

Translation. Translate the following Hebrew sentences into English. The section below entitled "Hebrew Composition" constitutes the answer key. Use the grammar's lexicon when necessary.

(1) תִּמְכְּרוּ[1] אֹתָם בִּידֵי הַמֶּ֫לֶךְ הָרַע

(2) יִרְדֹּף[2] אֶת־אֹיְבֵי הַמֶּ֫לֶךְ מִדְבָּ֫רָה

(3) תִּקְבֹּץ[3] אֶת־אַנְשֵׁי הָעִיר

(4) לֹא תִכְרְתוּ בְרִית אֶת־עַמֵּי הָאָ֫רֶץ

(5) יִשְׁמְרוּ הַשֹּׁפְטִים אֶת־תּוֹרַת אֱלֹהִים

(6) נִשְׁמֹר אֶת־תּוֹרוֹתָיו וְאֶת־חֻקֹּתָיו[4]

(7) יִמְלְכוּ הַמֶּ֫לֶךְ וְהַמַּלְכָּה בִּירוּשָׁלַ֫יִם

(8) תִּזְכֹּ֫רְנָה אֶת־הַחֲלוֹם[5]

(9) לֹא תִכְתְּבִי אֶת־הַדְּבָרִים בַּסֵּ֫פֶר

(10) אֶשְׂרֹף[6] אֶת־הָעִיר הָרָעָה בָּאֵשׁ

(11) אֶשְׁבֹּר[7] אֶת־לוּחַ[8] הָאֶ֫בֶן

---

[1] מָכַר (Q) to sell, hand over

[2] רָדַף (Q) to pursue, follow after, chase, persecute

[3] קָבַץ (Q) to collect, gather, assemble

[4] חֻקָּה statute, ordinance

[5] חֲלוֹם dream

[6] שָׂרַף (Q) to burn (completely), destroy

[7] שָׁבַר (Q) to break (up), break in pieces, smash, shatter

(12) הֲתִשְׂרְפוּ⁹ אֶת־הֶעָרִים הָרָעוֹת בָּאֵשׁ

(13) הֲיִמְכֹּר¹⁰ אֶת־הַנְּעָרִים בִּידֵי הָאֹיֵב

(14) הֲתִזְכֹּר אֶת־דִּבְרֵי הַשִּׁיר

(15) בַּיּוֹם הַהוּא אֶדְרֹשׁ¹¹ אֶת־יְהוָה

Bible Translation. With the use of a standard lexicon, translate the following biblical texts. Be prepared to parse all verbs.

אַבְרָהָם	Abraham	חֲנַנְיָה	Hananiah
בָּבֶל	Babylon	נְבֻכַדְנֶאצַּר	Nebuchadnezzar
פַּרְעֹה	Pharaoh		

(1) יִזְכֹּר לְעוֹלָם בְּרִיתוֹ (Ps 111:5)

(2) אֶת־הַצַּדִּיק וְאֶת־הָרָשָׁע יִשְׁפֹּט הָאֱלֹהִים (Eccl 3:17)

(3) אֶשְׁבֹּר אֶת־הָעָם הַזֶּה וְאֶת־הָעִיר הַזֹּאת (Jer 19:11)

(4) יְהוָה יִמְלֹךְ לְעֹלָם וָעֶד (Ex 15:18)

---

⁸ לוּחַ tablet, board, plank

⁹ שָׂרַף (Q) to burn (completely), destroy

¹⁰ מָכַר (Q) to sell, hand over

(5) **9** וַיֹּאמֶר[12] אֱלֹהִים אֶל־אַבְרָהָם וְאַתָּה אֶת־בְּרִיתִי תִשְׁמֹר אַתָּה וְזַרְעֲךָ אַחֲרֶיךָ לְדֹרֹתָם
10 זֹאת בְּרִיתִי אֲשֶׁר תִּשְׁמְרוּ בֵּינִי וּבֵינֵיכֶם וּבֵין זַרְעֲךָ אַחֲרֶיךָ הִמּוֹל[13] לָכֶם כָּל־זָכָר
(Gen 17:9-10)

(6) כִּי זֹאת הַבְּרִית אֲשֶׁר אֶכְרֹת אֶת־בֵּית יִשְׂרָאֵל אַחֲרֵי הַיָּמִים הָהֵם (Jer 31:33)

(7) אֶת־חַג הַמַּצּוֹת תִּשְׁמֹר שִׁבְעַת יָמִים תֹּאכַל מַצּוֹת כַּאֲשֶׁר צִוִּיתִךָ[14] (Ex 23:15)

(8) וַיֹּאמֶר[15] חֲנַנְיָה לְעֵינֵי כָל־הָעָם לֵאמֹר[16] כֹּה אָמַר[17] יְהוָה כָּכָה אֶשְׁבֹּר אֶת־עֹל
נְבֻכַדְנֶאצַּר מֶלֶךְ־בָּבֶל (Jer 28:11)

(9) אֶשְׁכָּן־שָׁם בְּתוֹךְ בְּנֵי־יִשְׂרָאֵל לְעוֹלָם (Ezek 43:7)

---

[11] דָּרַשׁ (Q) to seek, inquire

[12] וַיֹּאמֶר "and (he) said"

[13] הִמּוֹל לָכֶם כָּל־זָכָר "every male among you shall be circumcised"

[14] צִוִּיתִךָ "I have commanded you"

[15] וַיֹּאמֶר "and (he) said"

[16] לֵאמֹר "saying"

[17] אָמַר "says"

Inflecting Verbs. Give the following forms in Hebrew.

1.   Qal Imperfect 1cs   קָטַל

2.   Qal Imperfect 3ms   מָכַר

3.   Qal Imperfect 2fs   קָבַץ

4.   Qal Imperfect 3fs   לָכַד

5.   Qal Imperfect 1cp   שָׁבַר

6.   Qal Imperfect 3mp   כָּתַב

7.   Qal Imperfect 2mp   זָכַר

8.   Qal Imperfect 3fp   שָׁמַר

9.   Qal Imperfect 2fp   שָׁמַר

10.   Qal Imperfect 2fs   כָּרַת

11.   Qal Imperfect 1cs   שָׂרַף

12.   Qal Imperfect 1cp   דָּרַשׁ

13.   Qal Imperfect 2mp   קָבַר

14.   Qal Imperfect 3fp   שָׁבַר

15.   Qal Imperfect 2fp   שָׁבַר

Hebrew Composition. Write each of the sentences below in Hebrew. The section above entitled "Translation" constitutes the answer key to this exercise.

1.   You (2mp) will sell them into the hands of the wicked king.

2.   He will pursue the enemies of the king to the wilderness.

3.   She or you (2ms) will gather the men of the city.

4.   You (2mp) will not make a covenant with the people(s) of the land.

5.   The judges will observe the law of God.

6.   We will observe his laws and his statutes.

7.   The king and the queen will reign in Jerusalem.

8.   They (3fp) or you (2fp) will remember the dream.

9.   You (2fs) will not write the words in the book.

10.   I will burn the wicked city with fire.

11.   I will break the stone tablet (the tablet of stone).

12.   Will you (2mp) burn the wicked cities with fire?

13.   Will he sell the young men into the hands of the enemy?

14.   Will she or you (2ms) remember the words of the song?

15.   In that day I will seek the Lord.

Exercise 16a

Qal Imperfect - Weak Verbs

In this exercise, we will focus on the following Qal Imperfect weak verb categories: II-Guttural and III-ח/ע. Be sure that you have memorized the necessary paradigms before working through this exercise.

Parsing. Identify the verbal stem, conjugation, person, gender, number, and lexical form of the following verbs.

	Stem	*Conjugation*	*PGN*	*Lexical Form*
1. תִּגְאַל				
2. יִשְׁאַל				
3. יִבְחֲרוּ				
4. תִּצְעֲקוּ				
5. יִבְעַר				
6. תִּשְׁחַט				
7. תִּשְׁלַח				
8. אֶשְׂמַח				
9. נִבְטַח				
10. תִּשְׁמַ֫עְנָה				

Translation. Translate the following Hebrew sentences into English. The section below entitled "Hebrew Composition" constitutes the answer key. Use the grammar's lexicon when necessary.

(1) תִּגְאַל[1] אֶת־בְּנֵי יִשְׂרָאֵל

(2) יִשְׁאַל[2] הַכֹּהֵן מִנְחָה מִן־הַמֶּ֫לֶךְ

(3) יִבְחֲרוּ[3] זִקְנֵי הָעָם אִישׁ לָהֶם לְמֶ֫לֶךְ

(4) בַּיּוֹם הַהוּא תִּצְעֲקוּ[4] בְּקוֹל גָּדוֹל

(5) יִבְעַר[5] אַפּוֹ אֶת־אַנְשֵׁי הָעִיר הָרָעָה

(6) תִּשְׁחַט[6] אֶת־הַבְּהֵמוֹת עַל־הַמִּזְבֵּחַ

(7) בַּבֹּ֫קֶר תִּשְׁלַח אֶת־בִּנְךָ וְאֶת־בִּתְּךָ אֶל־הַבַּ֫יִת

(8) אֶשְׂמַח[7] בְּשֵׁם יְהוָה צְבָאוֹת[8]

(9) נִבְטַח[9] בְּשֵׁם יְהוָה צְבָאוֹת[10]

(10) לֹא תִשְׁמַ֫עְנָה בְּנוֹת הַזָּקֵן אֶל־קוֹל אֲבִיהֶן

---

[1] גָּאַל (Q) to redeem, deliver, avenge

[2] שָׁאַל (Q) to ask (of), inquire (of), request, demand

[3] בָּחַר (Q) to choose, test, examine

[4] צָעַק (Q) to shout, cry (out), call for help

[5] בָּעַר (Q) to burn (up), consume

[6] שָׁחַט (Q) to slaughter

[7] שָׂמַח (Q) to rejoice, be joyful, be glad

[8] צָבָא (cs) host, army, war, service; (cp) צְבָאוֹת; יְהוָה צְבָאוֹת "the Lord of Hosts"

[9] בָּטַח (Q) to trust, be confident, rely

[10] צָבָא (cs) host, army, war, service; (cp) צְבָאוֹת; יְהוָה צְבָאוֹת "the Lord of Hosts"

Bible Translation. With the use of a standard lexicon, translate the following biblical texts. Be prepared to parse all verbs.

דָּוִד	David	יוֹסֵף	Joseph
הַלֵּוִי	the Levite	שָׁאוּל	Saul

(1) וַיֹּאמֶר[11] דָּוִד לְשָׁאוּל לָמָּה תִשְׁמַע אֶת־דִּבְרֵי אָדָם לֵאמֹר הִנֵּה דָוִד מְבַקֵּשׁ[12] רָעָתֶךָ
(1 Sam 24:10 [English 24:9])

(2) וַיֹּאמֶר[13] פַּרְעֹה אֶל־יוֹסֵף חֲלוֹם חָלַמְתִּי וּפֹתֵר[14] אֵין אֹתוֹ וַאֲנִי שָׁמַעְתִּי עָלֶיךָ לֵאמֹר תִּשְׁמַע חֲלוֹם לִפְתֹּר[15] אֹתוֹ (Gen 41:15)

(3) וַיֹּאמֶר[16] יְהוָה אֶל־מֹשֶׁה לֹא־יִשְׁמַע אֲלֵיכֶם פַּרְעֹה לְמַעַן רְבוֹת[17] מוֹפְתַי בְּאֶרֶץ מִצְרָיִם
(Ex 11:9)

(4) וָאֹמַר[18] לֹא־אֶשְׁלַח יָדִי בַּאדֹנִי כִּי־מְשִׁיחַ יְהוָה הוּא (1 Sam 24:11)

---

[11] וַיֹּאמֶר "and (he) said"

[12] מְבַקֵּשׁ "is seeking"

[13] וַיֹּאמֶר "and (he) said"

[14] וּפֹתֵר "and an interpreter" or "one who can interpret"

[15] לִפְתֹּר "to interpret"

[16] וַיֹּאמֶר "and (he) said"

[17] רְבוֹת מוֹפְתַי "my wonders may be multiplied"

[18] וָאֹמַר "and I said"

(5) וְזָבַחְתָּ‏[19] פֶּסַח לַיהוָה אֱלֹהֶיךָ צֹאן וּבָקָר בַּמָּקוֹם אֲשֶׁר־יִבְחַר יְהוָה לְשַׁכֵּן‏[20] שְׁמוֹ שָׁם
(Deut 16:2)

(6) וְשָׂמַחְתָּ‏[21] לִפְנֵי יְהוָה אֱלֹהֶיךָ אַתָּה וּבִנְךָ וּבִתֶּךָ וְעַבְדְּךָ וַאֲמָתֶךָ וְהַלֵּוִי אֲשֶׁר בִּשְׁעָרֶיךָ
וְהַגֵּר וְהַיָּתוֹם וְהָאַלְמָנָה אֲשֶׁר בְּקִרְבֶּךָ בַּמָּקוֹם אֲשֶׁר יִבְחַר יְהוָה אֱלֹהֶיךָ לְשַׁכֵּן‏[22] שְׁמוֹ
שָׁם (Deut 16:11)

(7) וְהַבְּרִית אֲשֶׁר־כָּרַתִּי אִתְּכֶם לֹא תִשְׁכָּחוּ וְלֹא תִירְאוּ‏[23] אֱלֹהִים אֲחֵרִים (2 Kgs 17:38)

(8) הִשָּׁמֶר‏[24] לְךָ פֶּן־תִּשְׁכַּח אֶת־יְהוָה אֲשֶׁר הוֹצִיאֲךָ‏[25] מֵאֶרֶץ מִצְרַיִם מִבֵּית עֲבָדִים
(Deut 6:12)

(9) הִשָּׁמְרוּ‏[26] לָכֶם פֶּן־תִּשְׁכְּחוּ אֶת־בְּרִית יְהוָה אֱלֹהֵיכֶם אֲשֶׁר כָּרַת עִמָּכֶם (Deut 4:23)

---

[19] וְזָבַחְתָּ פֶּסַח "and you shall offer the passover sacrifice"

[20] לְשַׁכֵּן שְׁמוֹ שָׁם "to make his name dwell there"

[21] וְשָׂמַחְתָּ "and you will rejoice"

[22] לְשַׁכֵּן שְׁמוֹ שָׁם "to make his name dwell there"

[23] וְלֹא תִירְאוּ "and you shall not fear"

[24] הִשָּׁמֶר לְךָ "take heed to yourself"

[25] אֲשֶׁר הוֹצִיאֲךָ "who brought you out"

[26] הִשָּׁמְרוּ לָכֶם "you (2mp) take heed to yourselves"

(10) הִשָּׁמֶר[27] לְךָ פֶּן־תִּשְׁכַּח אֶת־יְהוָה אֱלֹהֶיךָ לְבִלְתִּי[28] שְׁמֹר מִצְוֹתָיו וּמִשְׁפָּטָיו וְחֻקֹּתָיו

(Deut 8:11)

(11) בָּרוּךְ[29] הַגֶּבֶר אֲשֶׁר יִבְטַח בַּיהוָה וְהָיָה[30] יְהוָה מִבְטַחוֹ (Jer 17:7)

Inflecting Verbs. Give the following forms in Hebrew.

1. Qal Imperfect 1cs   שָׁאַל

2. Qal Imperfect 3mp   שָׁלַח

3. Qal Imperfect 3ms   גָּאַל

4. Qal Imperfect 3fp   שָׁמַע

5. Qal Imperfect 3fs   בָּעַר

6. Qal Imperfect 2fs   שָׁלַח

7. Qal Imperfect 2ms   שָׁכַח

8. Qal Imperfect 2mp   שָׁאַל

9. Qal Imperfect 2fp   שָׂמַח

10. Qal Imperfect 1cp   שָׁחַט

---

[27] הִשָּׁמֶר לְךָ "take heed to yourself"

[28] לְבִלְתִּי שְׁמֹר "by not keeping"

[29] בָּרוּךְ "blessed is"

[30] וְהָיָה "and (he) will be"

11.   Qal Imperfect 2fs   בָּטַח

12.   Qal Imperfect 3mp   בָּחַר

13.   Qal Imperfect 1cs   בָּטַח

14.   Qal Imperfect 2mp   צָעַק

15.   Qal Imperfect 2fp   שָׁלַח

Hebrew Composition. Write each of the sentences below in Hebrew. The section above entitled "Translation" constitutes the answer key to this exercise.

1.   She or you (2ms) will redeem the sons (people) of Israel.

2.   The priest will demand an offering from the king.

3.   The elders of the people will choose a man to be their king (literally, a man for them for a king).

4.   In that day you (2mp) will cry out in a great voice.

5.   His anger will consume the men of the wicked city.

6.   She or you (2ms) will slaughter the animals upon the altar.

7.   In the morning you (2ms) will send your son and your daughter to the house.

8.   I will rejoice in the name of the LORD of hosts.

9.   We will trust in the name of the LORD of hosts.

10.   The daughters of the elder will not listen to the voice of their father.

Exercise 16b

Qal Imperfect - Weak Verbs

In this exercise, we will focus on the following Qal Imperfect weak verb categories: III-א and III-ה. Be sure that you have memorized the necessary paradigms before working through this exercise.

Parsing. Identify the verbal stem, conjugation, person, gender, number, and lexical form of the following verbs.

	Stem	Conjugation	PGN	Lexical Form
1. תִּמְצְאוּ				
2. אֶקְרָא				
3. יִבְנוּ				
4. תִּבְכֶּינָה				
5. יִקְנוּ				
6. יִשְׁתּוּ				
7. יִכְלֶה				
8. נִבְנֶה				
9. יִרְבּוּ				
10. תִּמְצֶאנָה				

Translation. Translate the following Hebrew sentences into English. The section below entitled "Hebrew Composition" constitutes the answer key. Consult the grammar's lexicon when necessary.

(1) תִּמְצְאוּ אֶת־עֶ֫בֶד הַמֶּ֫לֶךְ בַּהֵיכָל

(2) יִבְנוּ עַבְדֵי פַּרְעֹה עָרִים רַבּוֹת בָּאָ֫רֶץ הַהִיא

(3) תִּבְכֶּ֫ינָה[1] בְּנוֹת הָאִישׁ הַדַּל לִפְנֵי הַמֶּ֫לֶךְ הַגָּדוֹל

(4) יִקְנוּ[2] בָּנָיו לֶ֫חֶם מִן־הַמֶּ֫לֶךְ הֶעָשִׁיר[3]

(5) בַּמִּלְחָמָה יִשְׁתּוּ הַנְּעָרִים מַיִם מִן־הַנָּהָר[4]

(6) בַּשָּׁנָה הַהִיא יִכְלֶה[5] הָרָעָב[6] הַגָּדוֹל

(7) נִבְנֶה עָרִים רַבּוֹת בָּאָ֫רֶץ הַהִיא

(8) יִרְבּוּ גִּבּוֹרֵי הָאֹיֵב בַּמִּלְחָמָה

(9) תִּמְצֶ֫אנָה בְּנוֹת פַּרְעֹה אֶת־אֲבִיהֶן בַּהֵיכָל

---

[1] בָּכָה (Q) to weep
[2] קָנָה (Q) to get, acquire, buy
[3] עָשִׁיר (adj) rich, wealthy
[4] נָהָר river, stream
[5] כָּלָה (Q) to (be) complete, be finished, be at an end, come to an end
[6] רָעָב famine, hunger

Bible Translation. With the use of a standard lexicon, translate the following biblical texts. Be prepared to parse all verbs.

אַבְרָהָם	Abraham	שָׁאוּל	Saul
יָבֵישׁ	Jabesh	שָׂרַי	Sarai (also as שָׂרָי)
סְדֹם	Sodom	שָׂרָה	Sarah

(1) אֵלֶיךָ יְהוָה אֶקְרָא (Ps 28:1)

(2) הוּא יִבְנֶה־בַּיִת לִשְׁמִי וְכֹנַנְתִּי[7] אֶת־כִּסֵּא מַמְלַכְתּוֹ עַד־עוֹלָם (2 Sam 7:13)

(3) וְהִנֵּה שָׁאוּל בָּא[8] אַחֲרֵי הַבָּקָר מִן־הַשָּׂדֶה וַיֹּאמֶר[9] שָׁאוּל מַה־לָּעָם כִּי יִבְכּוּ וַיְסַפְּרוּ־לוֹ[10] אֶת־דִּבְרֵי אַנְשֵׁי יָבֵישׁ (1 Sam 11:5)

(4) וַיֹּאמֶר אֱלֹהִים אֶל־אַבְרָהָם שָׂרַי אִשְׁתְּךָ לֹא־תִקְרָא אֶת־שְׁמָהּ שָׂרָי כִּי שָׂרָה שְׁמָהּ (Gen 17:15)

(5) מִזְבַּח אֲדָמָה תַּעֲשֶׂה־לִּי וְזָבַחְתָּ[11] עָלָיו אֶת־עֹלֹתֶיךָ וְאֶת־שְׁלָמֶיךָ אֶת־צֹאנְךָ וְאֶת־בְּקָרֶךָ (Ex 20:24)

---

[7] וְכֹנַנְתִּי "and I will establish"

[8] בָּא "was coming"

[9] וַיֹּאמֶר "and (he) said"

[10] וַיְסַפְּרוּ "and they told"

[11] וְזָבַחְתָּ "and you will sacrifice"

(6)   גֵּר יִהְיֶה זַרְעֲךָ בְּאֶרֶץ לֹא לָהֶם (Gen 15:13)

(7)   לָכֵן כֹּה־אָמַר[12] יְהוָה אִשְׁתְּךָ בָּעִיר תִּזְנֶה וּבָנֶיךָ וּבְנֹתֶיךָ בַּחֶרֶב יִפֹּלוּ[13] (Amos 7:17)

(8)   אֲבָנִים שְׁלֵמוֹת[14] תִּבְנֶה אֶת־מִזְבַּח יְהוָה אֱלֹהֶיךָ וְהַעֲלִיתָ[15] עָלָיו עוֹלֹת לַיהוָה אֱלֹהֶיךָ (Deut 27:6)

(9)   וַיֹּאמֶר[16] אֱלֹהִים אֶל־מֹשֶׁה אֶהְיֶה אֲשֶׁר אֶהְיֶה וַיֹּאמֶר כֹּה תֹאמַר[17] לִבְנֵי יִשְׂרָאֵל אֶהְיֶה שְׁלָחַנִי[18] אֲלֵיכֶם (Ex 3:14)

(10)   וְאַתֶּם תִּהְיוּ־לִי מַמְלֶכֶת כֹּהֲנִים וְגוֹי קָדוֹשׁ (Ex 19:6)

(11)   וְעַתָּה אִם־נָא מָצָאתִי חֵן בְּעֵינֶיךָ הוֹדִעֵנִי[19] נָא אֶת־דְּרָכֶךָ וְאֵדָעֲךָ[20] לְמַעַן אֶמְצָא־חֵן בְּעֵינֶיךָ (Ex 33:13)

---

[12] כֹּה־אָמַר "thus says"

[13] יִפֹּלוּ "they will fall"

[14] שְׁלֵמוֹת "unhewn"

[15] וְהַעֲלִיתָ "and you will offer up"

[16] וַיֹּאמֶר "and (he) said"

[17] תֹאמַר "you will say"

[18] שְׁלָחַנִי "(he) has sent me"

[19] הוֹדִעֵנִי "show me"

[20] וְאֵדָעֲךָ "that I may know you"

(12) וַיֹּ֫אמֶר[21] יְהוָה אִם־אֶמְצָא בִסְדֹם חֲמִשִּׁים צַדִּיקִם בְּתוֹךְ הָעִיר וְנָשָׂאתִי[22] לְכָל־הַמָּקוֹם בַּעֲבוּרָם (Gen 18:26)

(13) וַיֹּאמְרוּ[23] הָבָה[24] נִבְנֶה־לָּנוּ עִיר וּמִגְדָּל וְרֹאשׁוֹ בַשָּׁמַיִם וְנַעֲשֶׂה־לָּנוּ שֵׁם פֶּן־נָפוּץ[25] עַל־פְּנֵי כָל־הָאָרֶץ (Gen 11:4)

Inflecting Verbs. Give the following forms in Hebrew.

1. Qal Imperfect 3ms מָצָא
2. Qal Imperfect 1cp בָּנָה
3. Qal Imperfect 2mp בָּנָה
4. Qal Imperfect 3fs בָּכָה
5. Qal Imperfect 3fp קָרָא
6. Qal Imperfect 2fs מָצָא
7. Qal Imperfect 3mp קָנָה
8. Qal Imperfect 2ms מָצָא
9. Qal Imperfect 1cs קָרָא
10. Qal Imperfect 2fp שָׁתָה

---

[21] וַיֹּ֫אמֶר "and (he) said"
[22] וְנָשָׂאתִי "I will spare"
[23] וַיֹּאמְרוּ "and they said"
[24] הָבָה "come"
[25] פֶּן־נָפוּץ "lest we be scattered"

11.   Qal Imperfect 2fs   בָּנָה

12.   Qal Imperfect 3ms   גָּלָה

13.   Qal Imperfect 3mp   רָבָה

14.   Qal Imperfect 1cs   קָרָא

15.   Qal Imperfect 3ms   כָּלָה

Hebrew Composition. Write each of the sentences below in Hebrew. The section above entitled "Translation" constitutes the answer key to this exercise.

1.   You (2mp) will find the servant of the king in the temple.

2.   The servants of Pharaoh will build many cities in that land.

3.   The daughters of the poor man will weep in the presence of the great king.

4.   His sons will purchase food from the rich king.

5.   In the battle the young men will drink water from the river.

6.   In that year the great famine will end.

7.   We will build many cities in that land.

8.   The warriors of the enemy will be numerous in the battle.

9.   The daughters of Pharaoh will find their father in the temple.

Exercise 16c

Qal Imperfect - Weak Verbs

In this exercise, we will focus on the following Qal Imperfect weak verb categories: I-Guttural and I-**א**. Be sure that you have memorized the necessary paradigms before working through this exercise.

Parsing. Identify the verbal stem, conjugation, person, gender, number, and lexical form of the following verbs.

	Stem	*Conjugation*	*PGN*	*Lexical Form*
1. יַעַזְבוּ				
2. תֶּחֶזְקִי				
3. יֹאמַר				
4. אֶעֱבֹד				
5. תַּעַבְרוּ				
6. אֹמַר				
7. תַּעֲמֹ֫דְנָה				
8. תַּהֲרֹג				
9. תֹּאכְלִי				
10. תֶּחֱזַ֫קְנָה				
11. יֹאבַד				
12. אֶהֱרֹג				
13. תֹּאכַ֫לְנָה				
14. יֶאֱסֹף				
15. נַעֲמֹד				

Translation. Translate the following Hebrew sentences into English. The section below entitled "Hebrew Composition" constitutes the answer key. Consult the grammar's lexicon when necessary.

(1) לֹא נֶעֱבֹר אֶת־מִצְוֹת יְהוָה

(2) לֹא יַעַמְדוּ הַנְּבִיאִים הָרְשָׁעִים לִפְנֵי הַמֶּ֫לֶךְ הַצַּדִּיק

(3) תַּעֲבֹ֫רְנָה אֶת־הָאָ֫רֶץ עַד־הַנָּהָר[1]

(4) יַעֲבֹד הַנַּ֫עַר בְּמִשְׁכַּן[2] יְהוָה

(5) תֹּאבַד[3] הָעִיר בִּידֵי הָאֹיֵב

(6) בַּמִּלְחָמָה יַעַזְבוּ הַגִּבּוֹרִים עָרֵי הָאֹיֵב

(7) תַּאַסְפִי[4] אֶת־הַזְּקֵנִים בְּשַׁ֫עַר הָעִיר

(8) יֶחֱזַק שַׂר הָעִיר הַקְּטַנָּה

(9) יַהַרְגוּ[5] הַגִּבּוֹרִים אֶת־אֹיְבֵי הַמֶּ֫לֶךְ

(10) אֹכַל אֶת־הַבָּשָׂר אֲשֶׁר עַל־הַמִּזְבֵּחַ

---

1 נָהָר river, stream
2 מִשְׁכָּן dwelling place, tabernacle
3 אָבַד (Q) to perish, vanish, be(come) lost, go astray
4 אָסַף (Q) to gather
5 הָרַג (Q) to kill, slay

Bible Translation. With the use of a standard lexicon, translate the following biblical texts. Be prepared to parse all verbs.

אַבְרָהָם Abraham   יִצְחָק Isaac

יַעֲקֹב Jacob

(1)   כָּל עַצְמוֹתַי תֹּאמַרְנָה יְהוָה מִי כָמוֹךָ (Ps 35:10)

(2)   עֲצַת יְהוָה לְעוֹלָם תַּעֲמֹד (Ps 33:11)

(3)   עַל־כֵּן[6] יַעֲזָב־אִישׁ אֶת־אָבִיו וְאֶת־אִמּוֹ וְדָבַק[7] בְּאִשְׁתּוֹ וְהָיוּ[8] לְבָשָׂר אֶחָד (Gen 2:24)

(4)   וְשָׁכַנְתִּי[9] בְּתוֹךְ בְּנֵי יִשְׂרָאֵל וְלֹא אֶעֱזֹב אֶת־עַמִּי יִשְׂרָאֵל (1 Kgs 6:13)

(5)   וּמֹשֶׁה עָלָה אֶל־הָאֱלֹהִים וַיִּקְרָא[10] אֵלָיו יְהוָה מִן־הָהָר לֵאמֹר כֹּה תֹאמַר לְבֵית יַעֲקֹב וְתַגֵּיד[11] לִבְנֵי יִשְׂרָאֵל (Ex 19:3)

---

[6] עַל־כֵּן "therefore"

[7] וְדָבַק "and he will cleave"

[8] The combination of וְהָיוּ and the following preposition לְ may be translated, "and they will become."

[9] וְשָׁכַנְתִּי "and I will dwell"

[10] וַיִּקְרָא "and (he) called"

[11] וְתַגֵּיד "and you will tell"

(6) וַיֹּאמֶר עוֹד אֱלֹהִים אֶל־מֹשֶׁה כֹּה־תֹאמַר אֶל־בְּנֵי יִשְׂרָאֵל יְהוָה אֱלֹהֵי אֲבֹתֵיכֶם אֱלֹהֵי אַבְרָהָם אֱלֹהֵי יִצְחָק וֵאלֹהֵי יַעֲקֹב שְׁלָחַנִי[12] אֲלֵיכֶם זֶה־שְּׁמִי לְעֹלָם (Ex 3:15)

(7) שִׁבְעַת יָמִים תֹּאכַל מַצֹּת וּבַיּוֹם הַשְּׁבִיעִי חַג לַיהוָה (Ex 13:6)

Hebrew Composition. Write each of the sentences below in Hebrew. The section above entitled "Translation" constitutes the answer key to this exercise.

1. We will not transgress the commandments of the LORD.
2. The wicked prophets will not stand in the presence of the righteous king.
3. They (3fp) or you (2fp) will pass through the land as far as the river.
4. The young man will serve in the dwelling (tabernacle) of the LORD.
5. The city will perish at the hands of the enemy.
6. In the battle the warriors will abandon the cities of the enemy.
7. You (2fs) will gather the elders in the gate of the city.
8. The leader of the small city will become strong.
9. The warriors will kill the enemies of the king.
10. I will eat the meat that is upon the altar.

[12] שְׁלָחַנִי "(he) has sent me"

Exercise 16d

Qal Imperfect - Weak Verbs

In this exercise, we will focus on the following Qal Imperfect weak verb categories: Biconsonantal and Geminate. Be sure that you have memorized the necessary paradigms before working through this exercise.

Parsing. Identify the verbal stem, conjugation, person, gender, number, and lexical form of the following verbs. Consult a standard lexicon when necessary.

	Stem	*Conjugation*	*PGN*	*Lexical Form*
1. תְּקוּמֶ֫ינָה				
2. יָשִׁית				
3. יָשׁ֫וּבוּ				
4. אָשִׁים				
5. נָשִׁים				
6. תָּק֫וּמִי				
7. תָּשִׁ֫יתִי				
8. נָנוּס				
9. תָּבִ֫ינוּ				
10. נָשִׁיר				
11. תָּבוֹא				
12. יָרוּם				
13. תָּב֫וֹאִי				

14. יָרוּץ

15. אָסוּר

16. תְּסֻבֶּ֫ינָה

17. תָּסֹ֫בִּי

18. תְּתַמֶּ֫ינָה

Parse and Find the Verb. The following exercise is designed to test your ability to identify and locate Biconsonantal and Geminate verbs in a standard lexicon. With regard to locating Biconsonantal verbs, consider the vowels וּ (Shureq) and וֹ (Holem Waw) as a consonantal Waw (ו). The vowel Hireq Yod (ִי) is to be treated as a consonantal Yod. By way of example, קוּם will be found under קום (Holladay, p. 315), בּוֹא will be found under בוא (Holladay, p. 34) and שִׂים will appear as שׂים (Holladay, p. 351). Remember that the lexical form of a Biconsonantal verb is not the Qal Perfect 3ms. Note, however, that Geminate verbs are triconsonantal and are entered in a standard lexicon in their Qal Perfect 3ms form. Find the following verbs in a standard lexicon. Parse the verb and then give the page number of its location in the lexicon.

	Stem	*Conjugation*	*PGN*	*Lexical Form*	*Page Number*
1. קַ֫מְתִּי	**Qal**	**Perfect**	**1cs**	קום	**315 (Holladay)**
2. תָּשִׂ֫יתִי					
3. שַׁ֫בְתְּ					
4. נַסְתֶּם					
5. שַׁלּ֫וֹתָ					
6. יָבִין					
7. סָ֫רוּ					
8. יָשֹׁמּוּ					
9. בָּ֫אוּ					
10. יֵרַע					

11. נָשִׁיר
12. מַ֫תְנוּ
13. רָץ
14. אָרוּם
15. גָּ֫רוּ

Bible Translation. With the use of a standard lexicon, translate the following biblical texts. Be prepared to parse all verbs.

יַרְדֵּן Jordan   מִצְרַיִם Egypt

(1) לָמָּה נָמוּת לְעֵינֶיךָ גַּם־אֲנַחְנוּ גַּם אַדְמָתֵנוּ (Gen 47:19)

(2) וְאַתָּה תָּבוֹא אֶל־אֲבֹתֶיךָ בְּשָׁלוֹם תִּקָּבֵר[1] בְּשֵׂיבָה טוֹבָה (Gen 15:15)

(3) הַנְּפִלִים הָיוּ בָאָרֶץ בַּיָּמִים הָהֵם וְגַם אַחֲרֵי־כֵן[2] אֲשֶׁר יָבֹאוּ בְּנֵי הָאֱלֹהִים אֶל־בְּנוֹת הָאָדָם וְיָלְדוּ לָהֶם (Gen 6:4)

(4) וְהִפְלָה[3] יְהוָה בֵּין מִקְנֵה יִשְׂרָאֵל וּבֵין מִקְנֵה מִצְרָיִם וְלֹא יָמוּת מִכָּל־לִבְנֵי יִשְׂרָאֵל דָּבָר (Ex 9:4)

---

[1] תִּקָּבֵר "you will be buried"

[2] אַחֲרֵי־כֵן "afterwards"

[3] וְהִפְלָה "and (he) will make a distinction"

(5)   וְאֵלֶּה הַמִּשְׁפָּטִים אֲשֶׁר תָּשִׂים לִפְנֵיהֶם (Ex 21:1)

(6)   אַתָּה תָּבוֹא אֶת־הָעָם הַזֶּה אֶל־הָאָרֶץ אֲשֶׁר נִשְׁבַּע⁴ יְהוָה לַאֲבֹתָם (Deut 31:7)

(7)   מַה־לְּךָ הַיָּם כִּי תָנוּס הַיַּרְדֵּן תִּסֹּב לְאָחוֹר (Ps 114:5)

(8)   וַאֲנִי בְּרֹב⁵ חַסְדְּךָ אָבוֹא בֵיתֶךָ (Ps 5:8 [English 5:7])

(9)   יְהוָה מִי־יָגוּר בְּאָהֳלֶךָ מִי־יִשְׁכֹּן בְּהַר קָדְשֶׁךָ (Ps 15:1)

---

⁴ נִשְׁבַּע "(he) has sworn"
⁵ בְּרֹב "in the abundance of"

Exercise 16e

Qal Imperfect - Weak Verbs

In this exercise, we will focus on the following Qal Imperfect weak verb categories: I-נ and I-י. Be sure that you have memorized the necessary paradigms before working through this exercise.

Parsing. Identify the verbal stem, conjugation, person, gender, number, and lexical form of the following verbs. Remember that הָלַךְ inflects like a I-י verb and that לָקַח inflects like a I-נ verb. Consult a standard lexicon when necessary.

	Stem	*Conjugation*	*PGN*	*Lexical Form*
1. יִפְּלוּ				
2. יִגַּשׁ				
3. תֵּלֵד				
4. תֵּשְׁבִי				
5. יִתֵּן				
6. תִּתְּנִי				
7. נֵשֵׁב				
8. תִּירַ֫שְׁנָה				
9. יֵרֵד				
10. אֶקַּח				
11. אֵרֵד				
12. יֵלְכוּ				
13. תֵּלְכוּ				
14. תִּקַּ֫חְנָה				
15. נִירַשׁ				

Bible Translation. With the use of a standard lexicon, translate the following biblical texts. Be prepared to parse all verbs.

אַבְרָהָם	Abraham	יִצְחָק	Isaac
יְהוֹנָתָן	Jonathan	שָׁאוּל	Saul

(1) לֶחֶם לֹא אֲכַלְתֶּם וְיַיִן וְשֵׁכָר לֹא שְׁתִיתֶם לְמַעַן תֵּדְעוּ כִּי אֲנִי יְהוָה אֱלֹהֵיכֶם
(Deut 29:5 [English 29:6])

(2) לֹא־אִירָא רָע כִּי־אַתָּה עִמָּדִי (Ps 23:4)

(3) 1 אֵלֶיךָ יְהוָה נַפְשִׁי אֶשָּׂא 2 אֱלֹהַי בְּךָ בָטַחְתִּי (Ps 25:1-2)

(4) יְהוָה אוֹרִי וְיִשְׁעִי מִמִּי אִירָא (Ps 27:1)

(5) וַיֹּאמֶר[1] הָעָם אֶל־שָׁאוּל הֲיוֹנָתָן יָמוּת אֲשֶׁר עָשָׂה הַיְשׁוּעָה הַגְּדוֹלָה הַזֹּאת בְּיִשְׂרָאֵל
(1 Sam 14:45)

(6) וְנָתַתָּ[2] אֶל־הָאָרֹן אֵת הָעֵדֻת אֲשֶׁר אֶתֵּן אֵלֶיךָ (Ex 25:16)

---

[1] וַיֹּאמֶר "and (the people) said"
[2] וְנָתַתָּ "and you will put"

(7) וְאֶת־הָאָרֶץ אֲשֶׁר נָתַתִּי לְאַבְרָהָם וּלְיִצְחָק לְךָ אֶתְּנֶנָּה[3] וּלְזַרְעֲךָ אַחֲרֶיךָ אֶתֵּן אֶת־הָאָרֶץ (Gen 35:12)

(8) וְהָאֶבֶן הַזֹּאת אֲשֶׁר־שַׂמְתִּי מַצֵּבָה יִהְיֶה בֵּית אֱלֹהִים וְכֹל אֲשֶׁר תִּתֶּן־לִי עַשֵּׂר[4] אֲעַשְּׂרֶנּוּ לָךְ׃ (Gen 28:22)

(9) בַּחֶרֶב תִּפֹּלוּ עַל־גְּבוּל יִשְׂרָאֵל אֶשְׁפּוֹט[5] אֶתְכֶם וִידַעְתֶּם[6] כִּי־אֲנִי יְהוָה (Ezek 11:10)

---

[3] אֶתְּנֶנָּה "I will give it"

[4] עַשֵּׂר אֲעַשְּׂרֶנּוּ לָךְ "I will give the tenth to you"

[5] אֶשְׁפּוֹט = אֶשְׁפֹּט

[6] וִידַעְתֶּם "and you will know"

Exercise 16f

Qal Imperfect - Doubly Weak Verbs

In this exercise, we will focus on doubly weak Qal Imperfect verbs.

Parsing. Identify the verbal stem, conjugation, person, gender, number, and lexical form of the following verbs. Consult a standard lexicon when necessary.

	Stem	*Conjugation*	*PGN*	*Lexical Form*
1. יַעֲשֶׂה				
2. יִהְיוּ				
3. תִּרְאֶה				
4. אֶעֱנֶה				
5. תַּעֲלֶינָה				
6. תֶּחֶטְאוּ				
7. נִשָּׂא				
8. יִסַּע				
9. תֵּצְאִי				
10. תֵּצְאוּ				
11. תִּטֶּינָה				
12. יִרְעוּ				
13. תִּשָּׂא				
14. יֶאֱהַב				

15. יֵדַע

16. יִסְעוּ

17. אֶסַּע

18. נִגַּע

19. תַּעֲלִי

20. תַּעֲלוּ

Translation. Translate the following Hebrew sentences into English. The section below entitled "Hebrew Composition" constitutes the answer key. Consult a standard lexicon when necessary.

(1) תֶּאֱהַב[1] אֶת־אָבִ֫יךָ וְאֶת־אִמְּךָ וְאֶת־אֲחֵיכֶם

(2) יִרְעוּ[2] אֶחָיו אֶת־צֹאן אֲבִיהֶם בַּמִּדְבָּר

(3) בַּבֹּ֫קֶר תִּסַּע[3] הָאִשָּׁה מִן־הָעִיר

(4) אֶשָּׂא אֶת־הָאֲבָנִים הָאֵ֫לֶּה

(5) תֶּחֶטְאוּ חַטָּאוֹת רַבּוֹת בָּעִיר הָרָעָה

(6) יַעֲלֶה קוֹל שִׂמְחָה[4] מִן־מַחֲנֵה הַמֶּ֫לֶךְ

(7) אַחַר הַדְּבָרִים הָאֵ֫לֶּה תִּרְאֶ֫ינָה אֶת־מִשְׁפַּט יְהוָה

---

[1] אָהַב (Q) to love

[2] רָעָה (Q) to pasture, tend (flocks), graze, shepherd, feed

[3] נָסַע (Q) to pull (out or up), set out, start out, depart, journey

[4] שִׂמְחָה joy, gladness

(8) תַּעֲשֶׂה חֶ֫סֶד עִמִּי וְאֶת־עַמִּי

(9) תֵּצְאִי מִן־הָעִיר הַזֹּאת וּמִן־הָאָ֫רֶץ הַזֹּאת

(10) יִטֶּה הַנָּבִיא אֶת־יָדָיו הַשָּׁמַ֫יְמָה

Bible Translation. With the use of a standard lexicon, translate the following biblical texts. Be prepared to parse all verbs.

אַבְרָהָם	Abraham	יוֹסֵף	Joseph
אַבְרָם	Abram	פַּרְעֹה	Pharaoh

(1) וַיֹּאמֶר[5] אַל־תִּשְׁלַח יָדְךָ אֶל־הַנַּעַר וְאַל־תַּעַשׂ לוֹ מְאוּמָּה כִּי עַתָּה יָדַעְתִּי כִּי־יְרֵא[6] אֱלֹהִים אַתָּה (Gen 22:12)

(2) וַיֹּאמֶר[7] יְהוָה אֶל־מֹשֶׁה עַתָּה תִרְאֶה אֲשֶׁר אֶעֱשֶׂה לְפַרְעֹה כִּי בְיָד חֲזָקָה יְשַׁלְּחֵם[8] (Ex 6:1)

(3) לֹא תַעֲשֶׂה־לְךָ פֶסֶל וְכָל־תְּמוּנָה אֲשֶׁר בַּשָּׁמַיִם מִמַּעַל[9] וַאֲשֶׁר בָּאָרֶץ מִתַּחַת וַאֲשֶׁר בַּמַּיִם מִתַּחַת לָאָרֶץ (Ex 20:4)

---

5 וַיֹּאמֶר "and he said"

6 כִּי־יְרֵא אֱלֹהִים אַתָּה "that you fear God"

7 וַיֹּאמֶר "and (he) said"

8 יְשַׁלְּחֵם "he will send them out"

9 מִמַּעַל = מַ֫עַל with preposition מִן

(4) לֹא־תַעֲנֶה בְרֵעֲךָ עֵד שָׁקֶר (Ex 20:16)

(5) אַחַר הַדְּבָרִים הָאֵלֶּה הָיָה דְבַר־יְהוָה אֶל־אַבְרָם בַּמַּחֲזֶה לֵאמֹר אַל־תִּירָא אַבְרָם (Gen 15:1)

(6) וַיֵּרָא[10] אֵלָיו יְהוָה בַּלַּיְלָה הַהוּא וַיֹּאמֶר[11] אָנֹכִי אֱלֹהֵי אַבְרָהָם אָבִיךָ אַל־תִּירָא כִּי־אִתְּךָ אָנֹכִי (Gen 26:24)

(7) וַיֹּאמֶר שָׁלוֹם לָכֶם אַל־תִּירָאוּ אֱלֹהֵיכֶם וֵאלֹהֵי אֲבִיכֶם נָתַן לָכֶם מַטְמוֹן בְּאַמְתְּחֹתֵיכֶם (Gen 43:23)

(8) וַיֹּאמֶר אֲלֵהֶם יוֹסֵף אַל־תִּירָאוּ כִּי הֲתַחַת[12] אֱלֹהִים אָנִי (Gen 50:19)

(9) אֶת־יְהוָה אֱלֹהֶיךָ תִּירָא אֹתוֹ תַעֲבֹד וּבוֹ תִדְבָּק וּבִשְׁמוֹ תִּשָּׁבֵעַ[13] (Deut 10:20)

---

[10] וַיֵּרָא "and (he) appeared"
[11] וַיֹּאמֶר "and he said"
[12] הֲתַחַת = תַּ֫חַת with interrogative particle
[13] תִּשָּׁבֵעַ "you will swear"

(10) אַחֲרֵי יְהוָה אֱלֹהֵיכֶם תֵּלֵכוּ וְאֹתוֹ תִירָאוּ וְאֶת־מִצְוֹתָיו תִּשְׁמֹרוּ וּבְקֹלוֹ תִשְׁמָעוּ וְאֹתוֹ תַעֲבֹדוּ וּבוֹ תִדְבָּקוּן[14] (Deut 13:5 [English 13:4])

(11) וַיֹּאמֶר לֹא־יֵרֵד בְּנִי עִמָּכֶם כִּי־אָחִיו מֵת (Gen 42:38)

(12) יִרְאוּ רַבִּים וְיִירָאוּ וְיִבְטְחוּ בַּיהוָה (Ps 40:4 [English 40:3])

Hebrew Composition. Write each of the sentences below in Hebrew. The section above entitled "Translation" constitutes the answer key to this exercise.

1. You (2ms) will love your father and your mother and your brothers.

2. His brothers will tend the flock(s) of their father in the wilderness.

3. In the morning the woman will depart from the city.

4. I will lift these stones.

5. You (2mp) will commit many sins in the wicked city.

6. A sound of joy will go up from the camp of the king.

---

[14] תִדְבָּקוּן = תִדְבָּקוּ

7.   After these things, they (3fp) or you (2fp) will see the judgment of the LORD.

8.   She or you (2ms) will perform an act of kindness with me and with my people.

9.   You (2fs) will go out from this city and from this land.

10.   The prophet will stretch out his hands to the heavens.

Exercise 17

Waw Consecutive

Parsing: Imperfects with Waw Consecutive. Identify the verbal stem, conjugation, person, gender, number, and lexical form of the following verbs. Additionally, be certain to indicate the presence of the Waw Consecutive. These forms appear in the Bible translations below. Accents have not been marked.

		Stem	*Conjugation*	*PGN*	*Lexical Form*	*Prefix*
1.	וַיֹּאמֶר	**Qal**	**Imperfect**	**3ms**	אָמַר	**Waw Consecutive**
2.	וַיִּזְכֹּר					
3.	וָאֶרְאֶה					
4.	וַיָּבֹא					
5.	וַיַּעַשׂ					
6.	וַיֵּרֶד					
7.	וַיִּקְרָא					
8.	וַיִּסַּע					
9.	וַיִּבֶן					
10.	וַיֵּלְכוּ					

Bible Translation: Imperfects with Waw Consecutive. With the use of a standard lexicon, translate the following biblical texts. Be prepared to parse all verbs.

אֲבִימֶלֶךְ	Abimelech	יִצְחָק	Isaac
הָאָדָם	Adam	עֻזִּיָּהוּ	Uzziah
אַבְרָם	Abram	עֵשָׂו	Esau
חַוָּה	Eve	קַיִן	Cain
יוֹסֵף	Joseph	שָׂרָה	Sarah
יַעֲקֹב	Jacob		

(1)   וַיְהִי¹ רָעָב בָּאָרֶץ וַיֵּרֶד אַבְרָם מִצְרַיְמָה לָגוּר² שָׁם כִּי־כָבֵד הָרָעָב בָּאָרֶץ (Gen 12:10)

(2)   וַיִּשְׁמַע אֱלֹהִים אֶת־נַאֲקָתָם וַיִּזְכֹּר אֱלֹהִים אֶת־בְּרִיתוֹ אֶת־אַבְרָהָם אֶת־יִצְחָק וְאֶת־יַעֲקֹב

   (Ex 2:24)

(3)   וְהָאָדָם יָדַע אֶת־חַוָּה אִשְׁתּוֹ וַתַּהַר וַתֵּלֶד אֶת־קַיִן   (Gen 4:1)

(4)   וַיְהִי יְהוָה אֶת־יוֹסֵף וַיְהִי אִישׁ מַצְלִיחַ³ וַיְהִי בְּבֵית אֲדֹנָיו הַמִּצְרִי (Gen 39:2)

---

¹ וַיְהִי "and there was." See BBH grammar 17.4.3
² לָגוּר "to sojourn"
³ אִישׁ מַצְלִיחַ "a successful man"

(5) וַיַּסַּע⁴ מֹשֶׁה אֶת־יִשְׂרָאֵל מִיַּם־סוּף⁵ וַיֵּצְאוּ אֶל־מִדְבַּר־שׁוּר⁶ וַיֵּלְכוּ שְׁלֹשֶׁת־יָמִים בַּמִּדְבָּר וְלֹא־מָצְאוּ מָיִם (Ex 15:22)

(6) וַיִּרְאוּ אֹתָהּ שָׂרֵי פַרְעֹה וַיְהַלְלוּ⁷ אֹתָהּ אֶל־פַּרְעֹה וַתֻּקַּח⁸ הָאִשָּׁה בֵּית פַּרְעֹה (Gen 12:15)

(7) וַיִּבֶן יְהוָה אֱלֹהִים אֶת־הַצֵּלָע אֲשֶׁר־לָקַח מִן־הָאָדָם לְאִשָּׁה וַיְבִאֶהָ⁹ אֶל־הָאָדָם (Gen 2:22)

(8) וַיִּשְׁמַע אֱלֹהִים אֶת־קוֹל הַנַּעַר (Gen 21:17)

(9) וַיָּבֹא אֱלֹהִים אֶל־אֲבִימֶלֶךְ בַּחֲלוֹם הַלָּיְלָה וַיֹּאמֶר לוֹ הִנְּךָ מֵת¹⁰ עַל־הָאִשָּׁה אֲשֶׁר־לָקַחְתָּ (Gen 20:3)

---

⁴ וַיַּסַּע "and (he) led"

⁵ מִיַּם־סוּף "from the Red Sea"

⁶ אֶל־מִדְבַּר־שׁוּר "to the wilderness of Shur"

⁷ וַיְהַלְלוּ "and they praised"

⁸ וַתֻּקַּח "and (she) was taken"

⁹ וַיְבִאֶהָ "and he brought her"

¹⁰ הִנְּךָ מֵת "you are dead" or "you are a dead man"

(10) 8 וַיָּקָם מֶלֶךְ־חָדָשׁ עַל־מִצְרָיִם אֲשֶׁר לֹא־יָדַע אֶת־יוֹסֵף 9 וַיֹּאמֶר אֶל־עַמּוֹ הִנֵּה עַם בְּנֵי
יִשְׂרָאֵל רַב וְעָצוּם מִמֶּנּוּ (Ex 1:8-9)

(11) וַיְהִי אַחַר הַדְּבָרִים הָאֵלֶּה וַתִּשָּׂא אֵשֶׁת־אֲדֹנָיו אֶת־עֵינֶיהָ אֶל־יוֹסֵף וַתֹּאמֶר שִׁכְבָה[11]
עִמִּי (Gen 39:7)

(12) וַיֵּרְדוּ אֲחֵי־יוֹסֵף עֲשָׂרָה לִשְׁבֹּר[12] בָּר מִמִּצְרָיִם (Gen 42:3)

(13) וַיִּזְכֹּר יוֹסֵף אֵת הַחֲלֹמוֹת אֲשֶׁר חָלַם לָהֶם וַיֹּאמֶר אֲלֵהֶם מְרַגְּלִים אַתֶּם לִרְאוֹת[13]
אֶת־עֶרְוַת הָאָרֶץ בָּאתֶם (Gen 42:9)

(14) וַיָּבֹא מֹשֶׁה בְּתוֹךְ הֶעָנָן וַיַּעַל אֶל־הָהָר וַיְהִי מֹשֶׁה בָּהָר אַרְבָּעִים יוֹם וְאַרְבָּעִים לָיְלָה
(Ex 24:18)

(15) וַיִּסַּע יִשְׂרָאֵל וְכָל־אֲשֶׁר־לוֹ וַיָּבֹא בְּאֵרָה שָּׁבַע[14] וַיִּזְבַּח זְבָחִים לֵאלֹהֵי אָבִיו יִצְחָק
(Gen 46:1)

---

[11] שִׁכְבָה "to lie down" or "to have sexual intercourse"

[12] לִשְׁבֹּר "to buy"

[13] לִרְאוֹת "to see"

[14] בְּאֵרָה שָׁבַע "to Beersheba"

(16) וְיַעֲקֹב נָתַן לְעֵשָׂו לֶחֶם וּנְזִיד עֲדָשִׁים וַיֹּאכַל וַיֵּשְׁתְּ וַיָּקָם וַיֵּלַךְ[15] (Gen 25:34)

(17) וַיהוָה פָּקַד אֶת־שָׂרָה כַּאֲשֶׁר אָמָר וַיַּעַשׂ יְהוָה לְשָׂרָה כַּאֲשֶׁר דִּבֵּר[16] (Gen 21:1)

(18) בִּשְׁנַת־מוֹת הַמֶּלֶךְ עֻזִּיָּהוּ וָאֶרְאֶה אֶת־אֲדֹנָי יֹשֵׁב[17] עַל־כִּסֵּא (Isa 6:1)

(19) וַיִּמְצָא יוֹסֵף חֵן בְּעֵינָיו וַיְשָׁרֶת אֹתוֹ וַיַּפְקִדֵהוּ[18] עַל־בֵּיתוֹ וְכָל־יֶשׁ־לוֹ נָתַן בְּיָדוֹ
(Gen 39:4)

---

[15] וַיֵּלֶךְ = וַיֵּלַךְ

[16] דִּבֵּר "he had spoken (promised)"

[17] יֹשֵׁב "sitting"

[18] וַיַּפְקִדֵהוּ "and he appointed him"

Parsing: Perfects with Waw Consecutive. Identify the verbal stem, conjugation, person, gender, number, and lexical form of the following verbs. Additionally, be certain to indicate the presence of the Waw Consecutive. These forms appear in the Bible translations below. Accents have not been marked.

		Stem	*Conjugation*	*PGN*	*Lexical Form*	*Prefix*
1.	וְשָׁלְחוּ	Qal	Perfect	3cp	שָׁלַח	Waw Consecutive
2.	וּשְׁמַרְתֶּם					
3.	וְכָתַבְתָּ					
4.	וִישַׁבְתֶּם					
5.	וְנָתַתִּי					
6.	וְאָהַבְתָּ					
7.	וְזָכַרְתִּי					
8.	וְלָקְחוּ					
9.	וְאָמְרוּ					
10.	וְהָיִיתִי					

Bible Translation: Perfects with Waw Consecutive. With the use of a standard lexicon, translate the following biblical texts. Be prepared to parse all verbs. Note that every conjunction וְ prefixed to a Perfect verb in the following texts is a Waw Consecutive.

אַבְרָהָם	Abraham	יִצְחָק	Isaac
יַעֲקֹב	Jacob	כְּנַעַן	Canaan

(1) וּשְׁמַרְתֶּם אֶת־כָּל־הַמִּצְוָה אֲשֶׁר אָנֹכִי מְצַוְּךָ[19] הַיּוֹם לְמַעַן תֶּחֶזְקוּ וּבָאתֶם וִירִשְׁתֶּם[20] אֶת־הָאָרֶץ אֲשֶׁר אַתֶּם עֹבְרִים[21] שָׁמָּה לְרִשְׁתָּהּ[22] (Deut 11:8)

(2) וְכָתַבְתָּ עַל־הָאֲבָנִים אֶת־כָּל־דִּבְרֵי הַתּוֹרָה הַזֹּאת (Deut 27:8)

(3) וִישַׁבְתֶּם בָּאָרֶץ אֲשֶׁר נָתַתִּי לַאֲבֹתֵיכֶם וִהְיִיתֶם לִי לְעָם וְאָנֹכִי אֶהְיֶה לָכֶם לֵאלֹהִים (Ezek 36:28)

(4) וְנָתַתִּי לָכֶם לֵב חָדָשׁ וְרוּחַ חֲדָשָׁה אֶתֵּן בְּקִרְבְּכֶם וַהֲסִרֹתִי[23] אֶת־לֵב הָאֶבֶן מִבְּשַׂרְכֶם וְנָתַתִּי לָכֶם לֵב בָּשָׂר (Ezek 36:26)

(5) וְשָׁלְחוּ זִקְנֵי עִירוֹ וְלָקְחוּ אֹתוֹ מִשָּׁם וְנָתְנוּ אֹתוֹ בְּיַד גֹּאֵל הַדָּם וָמֵת (Deut 19:12)

---

[19] מְצַוְּךָ "am commanding you"

[20] וִירִשְׁתֶּם Qal Perfect 2mp from יָרַשׁ (to possess) with Waw Consecutive

[21] עֹבְרִים "are going over"

[22] לְרִשְׁתָּהּ "to possess it"

[23] וַהֲסִרֹתִי "and I will take out"

(6) וְשָׁמַעְתָּ בְּקוֹל יְהוָה אֱלֹהֶיךָ וְעָשִׂיתָ אֶת־מִצְוֹתָו²⁴ וְאֶת־חֻקָּיו אֲשֶׁר אָנֹכִי מְצַוְּךָ²⁵ הַיּוֹם

(Deut 27:10)

(7) וְהָיָה כִּי־יִרְאוּ אֹתָךְ הַמִּצְרִים וְאָמְרוּ אִשְׁתּוֹ זֹאת וְהָרְגוּ אֹתִי וְאֹתָךְ יְחַיּוּ²⁶ (Gen 12:12)

(8) וְאָהַבְתָּ אֵת יְהוָה אֱלֹהֶיךָ וְשָׁמַרְתָּ מִשְׁמַרְתּוֹ וְחֻקֹּתָיו וּמִשְׁפָּטָיו וּמִצְוֹתָיו כָּל־הַיָּמִים

(Deut 11:1)

(9) וְזָכַרְתִּי אֶת־בְּרִיתִי אֲשֶׁר בֵּינִי וּבֵינֵיכֶם וּבֵין כָּל־נֶפֶשׁ חַיָּה בְּכָל־בָּשָׂר וְלֹא־יִהְיֶה עוֹד הַמַּיִם לְמַבּוּל לְשַׁחֵת²⁷ כָּל־בָּשָׂר (Gen 9:15)

(10) וְנָתַתִּי לְךָ וּלְזַרְעֲךָ אַחֲרֶיךָ אֵת אֶרֶץ מְגֻרֶיךָ אֵת כָּל־אֶרֶץ כְּנַעַן לַאֲחֻזַּת עוֹלָם וְהָיִיתִי לָהֶם לֵאלֹהִים (Gen 17:8)

---

²⁴ מִצְוֹתָו = מִצְוֹתָיו

²⁵ מְצַוְּךָ "am commanding you"

²⁶ יְחַיּוּ "they will let live"

²⁷ לְשַׁחֵת "to destroy"

(11) לֵךְ וְאָסַפְתָּ אֶת־זִקְנֵי יִשְׂרָאֵל וְאָמַרְתָּ אֲלֵהֶם יְהוָה אֱלֹהֵי אֲבֹתֵיכֶם נִרְאָה[28] אֵלַי אֱלֹהֵי אַבְרָהָם יִצְחָק וְיַעֲקֹב לֵאמֹר פָּקֹד[29] פָּקַדְתִּי אֶתְכֶם וְאֶת־הֶעָשׂוּי[30] לָכֶם בְּמִצְרָיִם
(Ex 3:16)

(12) 5 וְאָהַבְתָּ אֵת יְהוָה אֱלֹהֶיךָ בְּכָל־לְבָבְךָ וּבְכָל־נַפְשְׁךָ וּבְכָל־מְאֹדֶךָ 6 וְהָיוּ הַדְּבָרִים
הָאֵלֶּה אֲשֶׁר אָנֹכִי מְצַוְּךָ[31] הַיּוֹם עַל־לְבָבֶךָ (Deut 6:5-6)

(13) וְזָכַרְתָּ כִּי־עֶבֶד הָיִיתָ בְּאֶרֶץ מִצְרָיִם עַל־כֵּן אָנֹכִי מְצַוְּךָ[32] לַעֲשׂוֹת[33] אֶת־הַדָּבָר הַזֶּה
(Deut 24:22)

(14) וְזָכַרְתָּ כִּי־עֶבֶד הָיִיתָ בְּמִצְרָיִם וְשָׁמַרְתָּ וְעָשִׂיתָ אֶת־הַחֻקִּים הָאֵלֶּה (Deut 16:12)

(15) וּשְׁמַרְתֶּם לַעֲשׂוֹת[34] אֵת כָּל־הַחֻקִּים וְאֶת־הַמִּשְׁפָּטִים אֲשֶׁר אָנֹכִי נֹתֵן[35] לִפְנֵיכֶם הַיּוֹם
(Deut 11:32)

---

28 נִרְאָה "has appeared"

29 פָּקֹד פָּקַדְתִּי "I have surely observed"

30 הֶעָשׂוּי "what has been done"

31 מְצַוְּךָ "am commanding you"

32 מְצַוְּךָ "am commanding you"

33 לַעֲשׂוֹת "to do"

34 לַעֲשׂוֹת "to do"

35 נֹתֵן "am giving"

(16) וְחִזַּקְתִּי[36] אֶת־לֵב־פַּרְעֹה וְרָדַף אַחֲרֵיהֶם וְאִכָּבְדָה[37] בְּפַרְעֹה וּבְכָל־חֵילוֹ וְיָדְעוּ מִצְרַיִם

כִּי־אֲנִי יְהוָה וַיַּעֲשׂוּ־כֵן (Ex 14:4)

(17) 45 וְשָׁכַנְתִּי בְּתוֹךְ בְּנֵי יִשְׂרָאֵל וְהָיִיתִי לָהֶם לֵאלֹהִים 46 וְיָדְעוּ כִּי אֲנִי יְהוָה אֱלֹהֵיהֶם

אֲשֶׁר הוֹצֵאתִי[38] אֹתָם מֵאֶרֶץ מִצְרַיִם לְשָׁכְנִי[39] בְתוֹכָם אֲנִי יְהוָה אֱלֹהֵיהֶם (Ex 29:45-46)

(18) וְיָדְעוּ מִצְרַיִם כִּי־אֲנִי יְהוָה בְּהִכָּבְדִי[40] בְּפַרְעֹה בְּרִכְבּוֹ וּבְפָרָשָׁיו (Ex 14:18)

---

[36] וְחִזַּקְתִּי "and I will harden"

[37] וְאִכָּבְדָה "and I will get glory"

[38] הוֹצֵאתִי "(I) brought out"

[39] לְשָׁכְנִי "that I might dwell"

[40] בְּהִכָּבְדִי "when I get glory"

Exercise 18a

Qal Imperative - Strong Verbs

Paradigm Memorization. Before working through the following exercises, you must first memorize the Qal Imperative paradigm of קָטַל (18.3). After doing this, you should practice with other strong verbs.

Parsing. Identify the verbal stem, conjugation, person, gender, number, and lexical form of the following verbs. This exercise contains Perfect, Imperfect, and volitional verbs. Remember that Imperative verbs are always second person.

	Stem	*Conjugation*	*PGN*	*Lexical Form*
1. כָּֽתְבוּ				
2. תִּכְתְּבוּ				
3. כִּתְבוּ				
4. תִּקְבְּצִי				
5. אֶשְׁמְרָה				
6. קָבַ֫צְתִּי				
7. קִבְצִי				
8. נָפַל				
9. נִשְׁמְרָה				
10. נְפֹל				
11. תִּזְכֹּ֫רְנָה				
12. זְכֹ֫רְנָה				
13. אֶכְרְתָה				
14. שָֽׁמְרוּ				

15. שָׁמַ֫רְנוּ

16. תִּשְׁמְרוּ

17. נִכְרְתָה

18. שִׁמְרוּ

19. מְכֹ֫רְנָה

Translation. Translate the following Hebrew sentences into English. The section below entitled "Hebrew Composition" constitutes the answer key. Consult a standard lexicon when necessary.

(1) כִּתְבוּ אֶת־הַדְּבָרִים בַּסֵּ֫פֶר

(2) זְכֹר אֶת־שִׁירֵי אָבִ֫יךָ

(3) שְׁמֹ֫רְנָה אֶת־מִצְוֺת הַמֶּ֫לֶךְ

(4) שִׁפְטִי אֶת־הָאֲנָשִׁים הָאֵ֫לֶּה

(5) קִבְצוּ[1] אֶת־אַנְשֵׁי הָעִיר

(6) סְגֹר[2] אֶת־שַׁ֫עַר הָעִיר

(7) נִפְלִי אֶל־הָאָ֫רֶץ

(8) נַעְבְּרָה־נָּא בְאַרְצֶ֫ךָ

(9) יִשְׁפֹּט יְהוָה בֵּינִי וּבֵינֶ֫יךָ

---

[1] קָבַץ (Q) to collect, gather, assemble

[2] סָגַר (Q) to shut (in), close

Bible Translation. With the use of a standard lexicon, translate the following biblical texts. Be prepared to parse all verbs.

אַבְרָהָם	Abraham	יִשְׂרָאֵל	Israel
בַּעַל	Baal	כַּרְמֶל	Carmel
זְרֻבָּבֶל	Zerubbabel	מוֹאָב	Moab
יְהוֹצָדָק	Jehozadak	מִצְרָיְמָה	to Egypt
יְהוֹשֻׁעַ	Joshua	שְׁמוּאֵל	Samuel
יִצְחָק	Isaac		

(1) וַיֹּאמֶר שְׁמוּאֵל קִבְצוּ אֶת־כָּל־יִשְׂרָאֵל הַמִּצְפָּתָה[3] וְאֶתְפַּלֵּל[4] בַּעַדְכֶם אֶל־יְהוָה (1 Sam 7:5)

(2) וַיֹּאמֶר אָבִינוּ שֻׁבוּ שִׁבְרוּ־לָנוּ מְעַט־אֹכֶל (Gen 44:25)

(3) וַיֵּרָא[5] אֵלָיו יְהוָה וַיֹּאמֶר אַל־תֵּרֵד מִצְרָיְמָה שְׁכֹן בָּאָרֶץ אֲשֶׁר אֹמַר אֵלֶיךָ (Gen 26:2)

(4) וְעַתָּה חֲזַק זְרֻבָּבֶל נְאֻם־יְהוָה וַחֲזַק יְהוֹשֻׁעַ בֶן־יְהוֹצָדָק הַכֹּהֵן הַגָּדוֹל וַחֲזַק כָּל־עַם
הָאָרֶץ נְאֻם־יְהוָה וַעֲשׂוּ[6] כִּי־אֲנִי אִתְּכֶם נְאֻם יְהוָה צְבָאוֹת (Hag 2:4)

(5) רַק הִשָּׁמֶר[7] לְךָ וּשְׁמֹר נַפְשְׁךָ מְאֹד פֶּן־תִּשְׁכַּח אֶת־הַדְּבָרִים אֲשֶׁר־רָאוּ עֵינֶיךָ (Deut 4:9)

---

[3] הַמִּצְפָּתָה "to Mizpah"

[4] וְאֶתְפַּלֵּל "and I will pray"

[5] וַיֵּרָא "and (he) appeared"

[6] וַעֲשׂוּ "and work"

[7] הִשָּׁמֶר לְךָ "take heed to yourself"

(6) דִּרְשׁוּ־טוֹב וְאַל־רָע לְמַעַן תִּחְיוּ וִיהִי־כֵן יְהוָה אֱלֹהֵי־צְבָאוֹת אִתְּכֶם כַּאֲשֶׁר אֲמַרְתֶּם
(Amos 5:14)

(7) יְהִי כְבוֹד יְהוָה לְעוֹלָם יִשְׂמַח יְהוָה בְּמַעֲשָׂיו (Ps 104:31)

(8) זְכֹר אַל־תִּשְׁכַּח אֵת אֲשֶׁר־הִקְצַפְתָּ[8] אֶת־יְהוָה אֱלֹהֶיךָ בַּמִּדְבָּר (Deut 9:7)

(9) וַיֹּאמֶר יְהוָה אֶל־מֹשֶׁה כְּתָב־לְךָ אֶת־הַדְּבָרִים הָאֵלֶּה כִּי עַל־פִּי[9] הַדְּבָרִים הָאֵלֶּה כָּרַתִּי
אִתְּךָ בְּרִית וְאֶת־יִשְׂרָאֵל (Ex 34:27)

(10) שְׁמֹר[10] וְשָׁמַעְתָּ אֵת כָּל־הַדְּבָרִים הָאֵלֶּה אֲשֶׁר אָנֹכִי מְצַוֶּךָּ[11] לְמַעַן יִיטַב לְךָ וּלְבָנֶיךָ
אַחֲרֶיךָ עַד־עוֹלָם כִּי תַעֲשֶׂה הַטּוֹב וְהַיָּשָׁר בְּעֵינֵי יְהוָה אֱלֹהֶיךָ (Deut 12:28)

(11) וְעַתָּה שְׁלַח קְבֹץ אֵלַי אֶת־כָּל־יִשְׂרָאֵל אֶל־הַר הַכַּרְמֶל וְאֶת־נְבִיאֵי הַבַּעַל אַרְבַּע מֵאוֹת
וַחֲמִשִּׁים (1 Kgs 18:19)

---

[8] אֲשֶׁר־הִקְצַפְתָּ "how you provoked to anger"

[9] עַל־פִּי "in accordance with"

[10] שְׁמֹר וְשָׁמַעְתָּ "be careful to observe"

[11] אָנֹכִי מְצַוֶּךָּ "I command you"

(12) וְעַתָּה לְכָה נִכְרְתָה בְרִית אֲנִי וָאָתָּה וְהָיָה לְעֵד בֵּינִי וּבֵינֶךָ (Gen 31:44)

(13) וַיֹּאמֶר אֲלֵהֶם רִדְפוּ אַחֲרַי כִּי־נָתַן יְהוָה אֶת־אֹיְבֵיכֶם אֶת־מוֹאָב בְּיֶדְכֶם (Judg 3:28)

Inflecting Verbs. Give the four Imperative forms for each of the following strong verbs.

	ms	*fs*	*mp*	*fp*
1. כָּתַב to write				
2. זָכַר to remember				
3. שָׁמַר to observe				
4. נָפַל to fall				
5. קָטַל to kill				
6. שָׁבַר to break				
7. סָגַר to close				
8. מָכַר to sell				

9. קָבַץ
   to gather

10. שָׁפַט
    to judge

Hebrew Composition. Write each of the sentences below in Hebrew. The section above entitled "Translation" constitutes the answer key to this exercise.

1. You (2mp) write the words in the book!

2. You (2ms) remember the songs of your father!

3. You (2fp) observe the commandments of the king!

4. You (2fs) judge these men!

5. You (2mp) gather the men of the city!

6. You (2ms) close the gate of the city!

7. You (2fs) fall to the ground!

8. Please let us pass through your land.

9. May the LORD judge between me and you.

Exercise 18b

Qal Imperative - Weak Verbs

In this exercise, we will focus on the following Qal Imperative weak verb categories: III-ח/ע, III-א, and I-Guttural. Be sure that you have memorized the necessary paradigms before working through this exercise. You can practice the recitation of these weak verb Imperatives below in the section entitled "Inflecting Verbs."

Parsing. Identify the verbal stem, conjugation, person, gender, number, and lexical form of the following verbs. This exercise contains Perfect, Imperfect, and Imperative verbs.

	Stem	*Conjugation*	*PGN*	*Lexical Form*
1. תִּשְׁלְחִי				
2. שָׁלַ֫חְתִּי				
3. שִׁלְחִי				
4. שָׁבַע				
5. שְׁבַע				
6. יִשְׁבַּע				
7. תִּשְׁבַּע				
8. קָרְאוּ				
9. קִרְאוּ				
10. תִּקְרֶ֫אנָה				
11. קְרֶ֫אנָה				
12. עָבְדָה				
13. תַּעֲבֹ֫דְנָה				
14. עֲבֹ֫דְנָה				
15. עֲבֹד				

Translation. Translate the following Hebrew sentences into English. The section below entitled "Hebrew Composition" constitutes the answer key. Consult a standard lexicon when necessary.

(1) שְׁלַח אֶת־הַנָּבִיא אֵלַי

(2) שִׁלְחוּ אֶת־הַנְּבִיאִים אֵלֵינוּ

(3) שְׁמַ֫עְנָה אֶת־דִּבְרֵי הַמֶּ֫לֶךְ

(4) קְרָא אֶת־הָעָם פֹּה

(5) אַל־תִּשְׁכְּחוּ[1] אֶת־תּוֹרוֹת אֱלֹהִים

(6) לֹא תִשְׁכְּחוּ אֶת־תּוֹרַת אֱלֹהִים

(7) אַל־תִּשְׂנְאִי[2] אֶת־אָבִיךְ וְאֶת־אָחִיךְ

(8) לֹא תִשְׁכַּח אֶת־חֶ֫סֶד יְהוָה

(9) עֲבֹ֫דְנָה אֶת־הָעָם בְּשִׂמְחָה[3]

(10) אֱהַב אֵת יְהוָה אֱלֹהֶיךָ

---

[1] שָׁכַח (Q) to forget

[2] שָׂנֵא (Q) to hate

[3] שִׂמְחָה joy, gladness

Bible Translation. With the use of a standard lexicon, translate the following biblical texts. Be prepared to parse all verbs.

אַהֲרֹן	Aaron	יִשַׁי	Jesse
אוּרִיָּה	Uriah	יוֹסֵף	Joseph
בַּעַל	Baal	כַּרְמֶל	Carmel
דָּוִד	David	יִרְמְיָהוּ	Jeremiah
חִתִּי	Hittite	פַּרְעֹה	Pharaoh
יוֹאָב	Joab	שָׁאוּל	Saul
יַרְדֵּן	Jordan	שְׁמוּאֵל	Samuel

(1) יַעַשׂ־יְהוָה עִמָּכֶם חֶסֶד וֶאֱמֶת וְגַם אָנֹכִי אֶעֱשֶׂה אִתְּכֶם הַטּוֹבָה הַזֹּאת אֲשֶׁר עֲשִׂיתֶם הַדָּבָר הַזֶּה (2 Sam 2:6)

(2) וַיֹּאמֶר אֲלֵיהֶם שִׁמְעוּ־נָא הַחֲלוֹם הַזֶּה אֲשֶׁר חָלָמְתִּי (Gen 37:6)

(3) וַיִּשְׁלַח דָּוִד אֶל־יוֹאָב שְׁלַח אֵלַי אֶת־אוּרִיָּה הַחִתִּי וַיִּשְׁלַח יוֹאָב אֶת־אוּרִיָּה אֶל־דָּוִד (2 Sam 11:6)

(4) וְעַתָּה שְׁלַח קְבֹץ אֵלַי אֶת־כָּל־יִשְׂרָאֵל אֶל־הַר הַכַּרְמֶל וְאֶת־נְבִיאֵי הַבַּעַל (1 Kgs 18:19)

(5) בְּטַח אֶל־יְהוָה בְּכָל־לִבֶּךָ וְאֶל־בִּינָתְךָ אַל־תִּשָּׁעֵן [4] (Prov 3:5)

---

[4] אַל־תִּשָּׁעֵן "do not rely"

(6) 1 הַדָּבָר אֲשֶׁר הָיָה אֶל־יִרְמְיָהוּ מֵאֵת יְהוָה לֵאמֹר 2 עֲמֹד בְּשַׁעַר בֵּית יְהוָה וְקָרָאתָ שָּׁם אֶת־הַדָּבָר הַזֶּה וְאָמַרְתָּ שִׁמְעוּ דְבַר־יְהוָה (Jer 7:1-2)

(7) וַיֹּאמֶר יְהוָה אֶל־מֹשֶׁה אֱמֹר אֶל־בְּנֵי־יִשְׂרָאֵל אַתֶּם עַם־קְשֵׁה־עֹרֶף (Ex 33:5)

(8) וַיֹּאמֶר מֹשֶׁה אֶל־אַהֲרֹן אֱמֹר אֶל־כָּל־עֲדַת בְּנֵי יִשְׂרָאֵל קִרְבוּ לִפְנֵי יְהוָה כִּי שָׁמַע אֵת תְּלֻנֹּתֵיכֶם (Ex 16:9)

(9) מֹשֶׁה עַבְדִּי מֵת וְעַתָּה קוּם עֲבֹר אֶת־הַיַּרְדֵּן הַזֶּה אַתָּה וְכָל־הָעָם הַזֶּה אֶל־הָאָרֶץ אֲשֶׁר אָנֹכִי[5] נֹתֵן לָהֶם לִבְנֵי יִשְׂרָאֵל (Josh 1:2)

(10) וַיֹּאמֶר שְׁמוּאֵל אֶל־שָׁאוּל אֹתִי שָׁלַח יְהוָה לִמְשָׁחֳךָ[6] לְמֶלֶךְ עַל־עַמּוֹ עַל־יִשְׂרָאֵל וְעַתָּה שְׁמַע לְקוֹל דִּבְרֵי יְהוָה (1 Sam 15:1)

(11) וַיִּקְרָא מֹשֶׁה אֶל־כָּל־יִשְׂרָאֵל וַיֹּאמֶר אֲלֵהֶם שְׁמַע יִשְׂרָאֵל אֶת־הַחֻקִּים וְאֶת־הַמִּשְׁפָּטִים אֲשֶׁר אָנֹכִי דֹּבֵר[7] בְּאָזְנֵיכֶם הַיּוֹם וּלְמַדְתֶּם אֹתָם וּשְׁמַרְתֶּם[8] לַעֲשֹׂתָם (Deut 5:1)

---

5 אָנֹכִי נֹתֵן "I am giving"

6 לִמְשָׁחֳךָ "to anoint you"

7 דֹּבֵר "am speaking"

8 וּשְׁמַרְתֶּם לַעֲשֹׂתָם "and be careful to do them"

(12) וַיֹּאמֶר יְהוָה אֶל־שְׁמוּאֵל שְׁמַע בְּקוֹל הָעָם לְכֹל אֲשֶׁר־יֹאמְרוּ אֵלֶיךָ כִּי לֹא אֹתְךָ מָאָסוּ
כִּי־אֹתִי מָאֲסוּ מִמְּלֹךְ[9] עֲלֵיהֶם (1 Sam 8:7)

(13) וַיֹּאמֶר יְהוָה אֶל־שְׁמוּאֵל שְׁמַע בְּקוֹלָם וְהִמְלַכְתָּ[10] לָהֶם מֶלֶךְ וַיֹּאמֶר שְׁמוּאֵל אֶל־אַנְשֵׁי
יִשְׂרָאֵל לְכוּ אִישׁ לְעִירוֹ (1 Sam 8:22)

(14) וַיֹּאמֶר יְהוָה אֶל־מֹשֶׁה שְׁלַח יָדְךָ וֶאֱחֹז בִּזְנָבוֹ וַיִּשְׁלַח יָדוֹ וַיַּחֲזֶק בּוֹ וַיְהִי לְמַטֶּה בְּכַפּוֹ
(Ex 4:4)

(15) וַיִּשְׁלַח שָׁאוּל מַלְאָכִים אֶל־יִשָׁי וַיֹּאמֶר שִׁלְחָה אֵלַי אֶת־דָּוִד בִּנְךָ אֲשֶׁר בַּצֹּאן
(1 Sam 16:19)

(16) וַיִּקְרָא פַּרְעֹה אֶל־מֹשֶׁה וַיֹּאמֶר לְכוּ עִבְדוּ אֶת־יְהוָה רַק צֹאנְכֶם וּבְקַרְכֶם יֻצָּג[11]
גַּם־טַפְּכֶם יֵלֵךְ עִמָּכֶם (Ex 10:24)

(17) אִמְרִי־נָא אֲחֹתִי אָתְּ לְמַעַן יִיטַב־לִי בַעֲבוּרֵךְ וְחָיְתָה נַפְשִׁי בִּגְלָלֵךְ (Gen 12:13)

[9] מִמְּלֹךְ "from being king"

[10] וְהִמְלַכְתָּ "and you will make a king"

[11] יֻצָּג "they must remain behind"

(18) שִׂנְאוּ־רָע וְאֶהֱבוּ טוֹב וְהַצִּיגוּ[12] בַשַּׁעַר מִשְׁפָּט אוּלַי יֶחֱנַן יְהוָה אֱלֹהֵי־צְבָאוֹת שְׁאֵרִית
יוֹסֵף (Amos 5:15)

Inflecting Verbs. Give the four Imperative forms for each of the following weak verbs.

	ms	*fs*	*mp*	*fp*
1. שָׁלַח to send				
2. שָׁמַע to hear				
3. שָׁבַע to swear				
4. שָׁכַח to forget				
5. בָּטַח to trust				
6. מָצָא to find				
7. אָכַל to eat				
8. קָרָא to call, summon				
9. עָבַד to serve				
10. חָטָא to sin				

---

[12] וְהַצִּיגוּ "and establish"

Hebrew Composition. Write each of the sentences below in Hebrew. The section above entitled "Translation" constitutes the answer key to this exercise.

1.   You (2ms) send the prophet to me!

2.   You (2mp) send the prophets to us!

3.   You (2fp) hear the words of the king!

4.   You (2ms) summon the people here!

5.   You (2mp) don't forget the laws of God!

6.   You (2mp) shall not forget the law of God!

7.   You (2fs) don't hate your father and your brother!

8.   You (2ms) shall not forget the steadfast love of the Lᴏʀᴅ!

9.   You (2fp) serve the people with joy!

10.   You (2ms) love the Lᴏʀᴅ your God!

Exercise 18c

Qal Imperative - Weak Verbs

In this exercise, we will focus on the following Qal Imperative weak verb categories: III-ה, I-נ, I-י, Geminate, and Biconsonantal. Be sure that you have memorized the necessary paradigms before working through this exercise.

Parsing. Identify the verbal stem, conjugation, person, gender, number, and lexical form of the following verbs. This exercise contains Perfect, Imperfect, and Imperative verbs. Consult a standard lexicon when necessary.

	Stem	*Conjugation*	*PGN*	*Lexical Form*
1. עֲלֵה				
2. סַע				
3. דַע				
4. עָֽלְתָה				
5. עֲלֶ֫ינָה				
6. נְפֹ֫לְנָה				
7. שֶׂ֫אנָה				
8. שְׂאוּ				
9. עֲשִׂי				
10. עֲשׂוּ				
11. צְאֶ֫נָה				
12. ק֫וּמִי				
13. בְּנֶ֫ינָה				
14. יִבְנֶה				

15. נִגְדוּ

16. סְעוּ

17. דַּ֫עְנָה

18. רַשׁ

19. רְשִׁי

20. יְרַ֫שְׁנוּ

21. קוּם

22. נְטֶ֫ינָה

23. נְטֵה

24. נְטִי

25. נְטוּ

26. תָּשַׂ֫ימוּ

27. שַׂ֫ימוּ

28. בּוֹא

29. בּוֹאִי

30. סֹ֫בְנָה

31. סֹ֫בּוּ

32. עֲנֵה

33. עֲנוּ

34. רְאֶ֫ינָה

35. רְאוּ

Translation. Translate the following Hebrew sentences into English. The section below entitled "Hebrew Composition" constitutes the answer key. Consult a standard lexicon when necessary.

(1) שָׂא אֶת־הָאֲבָנִים הָאֵ֫לֶּה

(2) הוּא יִשָּׂא אֶת־הָאֲבָנִים הָאֵ֫לֶּה

(3) בָּנוּ בַּ֫יִת קָטֹן בָּעִיר

(4) בְּנוּ בַּ֫יִת קָטֹן בָּעִיר

(5) אֶת־הָאָ֫רֶץ הַזֹּאת תִּירְשׁוּ

(6) רְשׁוּ אֶת־הָאָ֫רֶץ הַזֹּאת

(7) יָֽרְשׁוּ אֶת־הָאָ֫רֶץ הַזֹּאת

(8) צְאֶ֫נָה מִן־הָעִיר הָרָעָה

(9) מִן־הָעִיר הָרָעָה תֵּצֶ֫אנָה

(10) עֲשִׂי אֶת־הַדָּבָר הַזֶּה

(11) אֶת־הַדָּבָר הַזֶּה תַּעֲשִׂי

(12) סְעוּ מִן־הַמָּקוֹם הַזֶּה

(13) נָֽסְעוּ מִן־הַמָּקוֹם הַזֶּה

(14) מִן־הַמָּקוֹם הַזֶּה יִסְעוּ

(15) שִׂימִי אֶת־הַסֵּפֶר עַל־הַשֻּׁלְחָן[1]

(16) אֶת־הַסֵּפֶר עַל־הַשֻּׁלְחָן[2] תָּשִׂימִי

Bible Translation. With the use of a lexicon, translate the following biblical texts. Be prepared to parse all verbs.

אַבְרָם	Abram	מִצְרַיִם	Egypt (also מִצְרָיִם)
אַהֲרֹן	Aaron	מֹשֶׁה	Moses
דָּוִד	David	נִינְוֵה	Nineveh
יְהוֹשֻׁעַ	Joshua	פַּרְעֹה	Pharaoh
יוֹנָה	Jonah	נֹחַ	Noah
יוֹסֵף	Joseph		

(1) בְּטַח בַּיהוָה וַעֲשֵׂה־טוֹב (Ps 37:3)

(2) סוּר מֵרָע וַעֲשֵׂה־טוֹב וּשְׁכֹן לְעוֹלָם (Ps 37:27)

(3) וְאֶת־אֲחִיכֶם קָחוּ וְקוּמוּ שׁוּבוּ אֶל־הָאִישׁ (Gen 43:13)

(4) צֵא מִן־הַתֵּבָה אַתָּה וְאִשְׁתְּךָ וּבָנֶיךָ וּנְשֵׁי־בָנֶיךָ אִתָּךְ[3] (Gen 8:16)

[1] שֻׁלְחָן table

[2] שֻׁלְחָן table

[3] אִתְּךָ = אִתָּךְ

(5) וַיֹּאמֶר פַּרְעֹה אֶל־יוֹסֵף רְאֵה נָתַתִּי אֹתְךָ עַל כָּל־אֶרֶץ מִצְרָיִם (Gen 41:41)

(6) וַיִּקְרָא פַּרְעֹה אֶל־מֹשֶׁה וּלְאַהֲרֹן וַיֹּאמֶר לְכוּ זִבְחוּ לֵאלֹהֵיכֶם בָּאָרֶץ
(Ex 8:21 [English 8:25])

(7) וַיֹּאמֶר יְהוָה אֶל־מֹשֶׁה נְטֵה יָדְךָ עַל־הַשָּׁמַיִם וִיהִי[4] חֹשֶׁךְ עַל־אֶרֶץ מִצְרָיִם (Ex 10:21)

(8) וַיֹּאמֶר יְהוָה אֶל־מֹשֶׁה נְטֵה אֶת־יָדְךָ עַל־הַשָּׁמַיִם וִיהִי בָרָד בְּכָל־אֶרֶץ מִצְרָיִם
עַל־הָאָדָם וְעַל־הַבְּהֵמָה וְעַל כָּל־עֵשֶׂב הַשָּׂדֶה בְּאֶרֶץ מִצְרָיִם (Ex 9:22)

(9) וַיֹּאמֶר יְהוָה אֶל־מֹשֶׁה נְטֵה אֶת־יָדְךָ עַל־הַיָּם וְיָשֻׁבוּ הַמַּיִם עַל־מִצְרַיִם עַל־רִכְבּוֹ
וְעַל־פָּרָשָׁיו (Ex 14:26)

(10) וַיֹּאמֶר מֹשֶׁה אֶל־הָעָם אַל־תִּירָאוּ הִתְיַצְּבוּ[5] וּרְאוּ אֶת־יְשׁוּעַת יְהוָה אֲשֶׁר־יַעֲשֶׂה לָכֶם
הַיּוֹם (Ex 14:13)

---

[4] וִיהִי is the Qal Imperfect (Jussive) 3ms of הָיָה with the conjunction וְ (not Waw Consecutive). For the spelling of this form, see 4.12.2. Here, translate וִיהִי as, "so that [darkness] may be" or "so that there may be [darkness]." See also 23.7.3.

[5] הִתְיַצְּבוּ "stand firm"

(11) וַיֹּאמֶר יְהוָה אֶל־אַבְרָם לֶךְ־לְךָ מֵאַרְצְךָ וּמִמּוֹלַדְתְּךָ וּמִבֵּית אָבִיךָ אֶל־הָאָרֶץ אֲשֶׁר
      אַרְאֶךָּ[6] (Gen 12:1)

(12) וַיֹּאמֶר יְהוָה לְנֹחַ בֹּא־אַתָּה וְכָל־בֵּיתְךָ אֶל־הַתֵּבָה כִּי־אֹתְךָ רָאִיתִי צַדִּיק לְפָנַי בַּדּוֹר
      הַזֶּה (Gen 7:1)

(13) שׁוּבוּ אֵלַי וְאָשׁוּבָה אֲלֵיכֶם אָמַר יְהוָה צְבָאוֹת (Mal 3:7)

(14) וַיֹּאמֶר הִנֵּה שָׁמַעְתִּי כִּי יֶשׁ־שֶׁבֶר בְּמִצְרָיִם רְדוּ־שָׁמָּה וְשִׁבְרוּ־לָנוּ מִשָּׁם וְנִחְיֶה וְלֹא
      נָמוּת (Gen 42:2)

(15) וַיֹּאמֶר יְהוֹשֻׁעַ אֶל־הַכֹּהֲנִים לֵאמֹר שְׂאוּ אֶת־אֲרוֹן הַבְּרִית וְעִבְרוּ לִפְנֵי הָעָם וַיִּשְׂאוּ
      אֶת־אֲרוֹן הַבְּרִית וַיֵּלְכוּ לִפְנֵי הָעָם (Josh 3:6)

(16) לֵךְ וְאָמַרְתָּ אֶל־עַבְדִּי אֶל־דָּוִד כֹּה אָמַר יְהוָה הַאַתָּה תִּבְנֶה־לִּי בַיִת לְשִׁבְתִּי[7] (2 Sam 7:5)

(17) רְאֵה נָתַן יְהוָה אֱלֹהֶיךָ לְפָנֶיךָ אֶת־הָאָרֶץ עֲלֵה רֵשׁ כַּאֲשֶׁר דִּבֶּר[8] יְהוָה אֱלֹהֵי אֲבֹתֶיךָ
      לָךְ אַל־תִּירָא (Deut 1:21)

---

[6] אַרְאֶךָּ "I will show you"

[7] לְשִׁבְתִּי "to dwell in"

[8] דִּבֶּר "(he) spoke"

Hebrew Composition. Write each of the sentences below in Hebrew. The section above entitled "Translation" constitutes the answer key to this exercise.

1. You (2ms) lift up these stones!

2. He will lift up these stones.

3. They built a small house in the city.

4. You (2mp) build a small house in the city!

5. You (2mp) will inherit this land.

6. You (2mp) inherit this land!

7. They inherited this land.

8. You (2fp) go out from the wicked city!

9. They (3fp) or you (2fp) will go out from the wicked city.

10. You (2fs) do this thing!

11. You (2fs) will do this thing.

12. You (2mp) depart from this place!

13.   They departed from this place.

14.   They (3mp) will depart from this place.

15.   You (2fs) put the book on the table!

16.   You (2fs) will put the book on the table.

Exercise 19

Pronominal Suffixes on Verbs

Parsing: Part 1. Parse the following Perfect verbs with pronominal suffixes. Be certain to identify the person, gender, and number of the suffix. Most of the following forms appear in the Holladay lexicon (accents have not been marked).

	Stem	*Conjugation*	*PGN*	*Lexical Form*	*Suffix*
1. גְּאַלְתִּיךָ	**Qal**	**Perfect**	**1cs**	גָּאַל	**2ms**
2. זְכַרְתַּנִי					
3. חֲשָׁבָהּ					
4. יְלָדַתְךָ					
5. יְלָדַתְנִי					
6. מְצָאתִיהוּ					
7. עֲבָדָהּ					
8. עֲבָדוּם					
9. עֲזָבַנִי					
10. עֲזַבְנֻהוּ					
11. עֲזַבְתִּיךְ					
12. עֲזָבוּךְ					
13. רְדָפוּנִי					
14. שְׁחָטוֹ					
15. שְׁלַחְתָּנוּ					

Parsing: Part 2 Parse the following Imperfect verbs with pronominal suffixes. Most of these forms appear in the Holladay lexicon.

	Stem	*Conjugation*	*PGN*	*Lexical Form*	*Suffix*
1. אֶבְחָרֵהוּ					
2. יִבְנֵם					
3. אֶבְנֵךְ					
4. יִגְאָלֶנּוּ					
5. תִּדְרְשֵׁהוּ					
6. אֶזְרָעֵם					
7. יַהַרְגֵהוּ[1]					
8. יַהַרְגֻהוּ					
9. אֶזְכְּרֶנּוּ					
10. אֶעֱבָדְךָ					
11. נַעַבְדֶךָּ					
12. יַעַבְדֻנִי					
13. יִירָשְׁךָ					
14. יִירָשׁוּם					
15. יִירָשֵׁם					

[1] In selected forms (such as numbers 7, 8, and 12 in this exercise), the Daghesh Lene that is expected in the *begadkephat* consonant after the Silent Shewa is given up. This loss of Daghesh Lene (in a *begadkephat* consonant) after a closed syllable was encountered in the grammar with Segholate nouns (10.5.7) and with two Imperative forms (18.7). It occurs in other circumstances as well.

Parsing: Part 3. Parse the following Imperative verbs with pronominal suffixes.

	Stem	*Conjugation*	*PGN*	*Lexical Form*	*Suffix*
1. כָּתְבָהּ					
2. כָּתְבֵם					
3. עָזְרֵנִי					
4. עִבְדֻהוּ					
5. דִּרְשׁוּנִי					
6. תִּפְשׂוּם					
7. עִזְבוּהָ					
8. עִזְבֻנִי					
9. שְׁמָעֵנִי					
10. שְׁמָעֶנָּה					
11. שְׁמָעוּנִי					
12. שְׁלָחֵנִי					
13. גְּאָלָהּ					

Bible Translation. With the use of a standard lexicon, translate the following biblical texts. Be prepared to parse all verbs.

אַבְרָהָם	Abraham	יִשְׂרָאֵל	Israel (= Jacob)
אַהֲרֹן	Aaron	מִצְרַיִם	Egypt
בִּנְיָמִין	Benjamin	מֹשֶׁה	Moses
יוֹסֵף	Joseph	פַּרְעֹה	Pharaoh
יַעֲקֹב	Jacob	שְׁכֶם	Shechem
יִצְחָק	Isaac		

(1) וַיֹּאמֶר יִשְׂרָאֵל אֶל־יוֹסֵף הֲלוֹא אַחֶיךָ רֹעִים² בִּשְׁכֶם לְכָה וְאֶשְׁלָחֲךָ אֲלֵיהֶם וַיֹּאמֶר לוֹ
הִנֵּנִי (Gen 37:13)

(2) וַיֹּאמֶר יְהוָה אֶמְחֶה אֶת־הָאָדָם אֲשֶׁר־בָּרָאתִי מֵעַל פְּנֵי הָאֲדָמָה מֵאָדָם עַד־בְּהֵמָה
עַד־רֶמֶשׂ וְעַד־עוֹף הַשָּׁמָיִם כִּי נִחַמְתִּי כִּי עֲשִׂיתִם (Gen 6:7)

(3) וַיִּקְרְבוּ יְמֵי־יִשְׂרָאֵל לָמוּת וַיִּקְרָא לִבְנוֹ לְיוֹסֵף וַיֹּאמֶר לוֹ אִם־נָא מָצָאתִי חֵן בְּעֵינֶיךָ
שִׂים־נָא יָדְךָ תַּחַת יְרֵכִי וְעָשִׂיתָ עִמָּדִי חֶסֶד וֶאֱמֶת אַל־נָא תִקְבְּרֵנִי בְּמִצְרָיִם (Gen 47:29)

(4) וְאֶת־הָאָרֶץ אֲשֶׁר נָתַתִּי לְאַבְרָהָם וּלְיִצְחָק לְךָ אֶתְּנֶנָּה וּלְזַרְעֲךָ אַחֲרֶיךָ אֶתֵּן אֶת־הָאָרֶץ
(Gen 35:12)

---

² רֹעִים "shepherding"

(5)   וּכְתַבְתָּם֯³ עַל־מְזוּזֹת בֵּיתֶ֫ךָ וּבִשְׁעָרֶ֫יךָ (Deut 6:9)

(6)   וַיִּמְצָאֵ֫הוּ אִישׁ וְהִנֵּה תֹעֶה֯⁴ בַּשָּׂדֶה וַיִּשְׁאָלֵ֫הוּ הָאִישׁ לֵאמֹר מַה־תְּבַקֵּשׁ֯⁵ (Gen 37:15)

(7)   אַ֫ךְ טוֹב וָחֶ֫סֶד יִרְדְּפ֫וּנִי כָּל־יְמֵי חַיָּי וְשַׁבְתִּי בְּבֵית־יְהוָה לְאֹ֫רֶךְ יָמִים (Ps 23:6)

(8)   אַל־תַּעַזְבֵ֫נִי יְהוָה אֱלֹהַי אַל־תִּרְחַק מִמֶּ֫נִּי (Ps 38:22 [English 38:21])

(9)   אֵלִי אֵלִי לָמָה עֲזַבְתָּ֫נִי (Ps 22:2 [English 22:1])

(10)   יְהוָה יִשְׁמָרְךָ מִכָּל־רָע יִשְׁמֹר אֶת־נַפְשֶׁ֫ךָ (Ps 121:7)

(11)   וְאֶת־בִּנְיָמִין אֲחִי יוֹסֵף לֹא־שָׁלַח יַעֲקֹב אֶת־אֶחָיו כִּי אָמַר פֶּן־יִקְרָאֶ֫נּוּ אָסוֹן (Gen 42:4)

(12)   מָה־אֱנוֹשׁ כִּי־תִזְכְּרֶ֫נּוּ וּבֶן־אָדָם כִּי תִפְקְדֶ֫נּוּ (Ps 8:5 [English 8:4])

---

³ וּכְתַבְתָּם Perfect with Waw Consecutive and pronominal suffix

⁴ תֹעֶה "he was wandering about"

⁵ מַה־תְּבַקֵּשׁ "what are you looking for?"

(13) וְלֹא־קָם נָבִיא עוֹד בְּיִשְׂרָאֵל כְּמֹשֶׁה אֲשֶׁר יְדָעוֹ יְהוָה פָּנִים אֶל־פָּנִים (Deut 34:10)

(14) וַיֹּאמֶר יְהוָה אֶל־מֹשֶׁה רְאֵה נְתַתִּיךָ אֱלֹהִים לְפַרְעֹה וְאַהֲרֹן אָחִיךָ יִהְיֶה נְבִיאֶךָ (Ex 7:1)

(15) וָאֶשְׁמַע אֶת־קוֹל אֲדֹנָי אֹמֵר[6] אֶת־מִי אֶשְׁלַח וּמִי יֵלֶךְ־לָנוּ וָאֹמַר הִנְנִי שְׁלָחֵנִי (Isa 6:8)

(16) 14 וַיֹּאמֶר אֱלֹהִים אֶל־מֹשֶׁה אֶהְיֶה אֲשֶׁר אֶהְיֶה וַיֹּאמֶר כֹּה תֹאמַר לִבְנֵי יִשְׂרָאֵל אֶהְיֶה שְׁלָחַנִי אֲלֵיכֶם 15 וַיֹּאמֶר עוֹד אֱלֹהִים אֶל־מֹשֶׁה כֹּה־תֹאמַר אֶל־בְּנֵי יִשְׂרָאֵל יְהוָה אֱלֹהֵי אֲבֹתֵיכֶם אֱלֹהֵי אַבְרָהָם אֱלֹהֵי יִצְחָק וֵאלֹהֵי יַעֲקֹב שְׁלָחַנִי אֲלֵיכֶם זֶה־שְּׁמִי לְעֹלָם וְזֶה זִכְרִי לְדֹר דֹּר (Ex 3:14-15)

---

[6] אֹמֵר "saying"

Exercise 20

Qal Infinitive Construct

Parsing: Strong and Weak Verbs. The following exercise is composed primarily of Infinitive Construct forms, some with prepositional prefixes and/or pronominal suffixes. A few Perfect, Imperfect, and Imperative forms have also been included. For the Infinitive Construct, identify the stem, conjugation, lexical form, and any prefixes and/or suffixes.

		Stem	*Conjugation*	*PGN*	*Lexical Form*	*Prefix/Suffix*
1.	לִזְכֹּר	**Qal**	**Inf Construct**		זָכַר	**preposition** לְ
2.	לִשְׁכֹּן					
3.	קָטְלְךָ					
4.	כָּתְבְךָ					
✓5.	לְקָבְצִי					
6.	כְּתֹבְנָה					
7.	תִּכְתֹּבְנָה					
8.	כָּתַבְנוּ					
9.	עֲבֹד					
10.	שְׁלֹחַ					
✓11.	קָרְאִי					
12.	לִקְרֹא					
13.	בְּנוֹת					

14. עֲלוֹת

15. עֲשׂוֹת

16. לַעֲשׂוֹת

17. לַעֲשׂוֹתָם

18. זִכְרוּ

19. זָֽכְרוּ

20. בְּמָצְאוֹ

21. לִהְיוֹת

22. לְעָבְדָהּ

23. וּלְשָׁמְרָהּ

24. לִרְאוֹת

25. כְּשָׁמְעִי

26. לֶאֱכֹל

27. תִּזְכְּרוּ

28. לַעֲבֹד

29. לָמוּת

30. וּבוֹאֶךָ

Parsing (I-נ and I-י Verbs). Identify the verbal stem, conjugation, lexical form and any prefixes or suffixes that appear on the following Infinitive Construct forms. Consult a standard lexicon when necessary.

	Stem	*Conjugation*	*Lexical Form*	*Prefix/Suffix*
1. דַּ֫עַת				
2. לָדַ֫עַת				
3. רֶ֫שֶׁת				
4. לְרִשְׁתָּהּ				
5. לָלֶ֫כֶת				
6. צֵאתְךָ				
7. לָתֵת				
8. גֶּ֫שֶׁת				
9. שֵׂאת				
10. שְׂאֵת				

Translation. With the use of a standard lexicon, translate the following Hebrew sentences into English. The section below entitled "Hebrew Composition" constitutes the answer key.

(1) בֹּ֫אוּ מִצְרַ֫יְמָה לִשְׁבֹּר

(2) לֹא שָׁמַע אֵלֶ֫יהָ לִשְׁכַּב אֶצְלָהּ[1] לִהְיוֹת עִמָּהּ

(3) וַיָּ֫שֶׂם אֶת־הָאָדָם בַּגַּן[2] לְעָבְדָהּ וּלְשָׁמְרָהּ

[1] אֵ֫צֶל (prep) beside, near

[2] גַּן (cs) garden

(4) לֹא יָכֹל לִבְנוֹת בַּיִת לְשֵׁם יְהוָה

(5) אַתָּה תִּשְׁמַע לְקוֹל יְהוָה אֱלֹהֶיךָ לִשְׁמֹר אֶת־כָּל־הַדְּבָרִים הָאֵלֶּה

(6) אֲנִי לְקַחְתִּי אֹתְךָ מִן־הַנָּוֶה[3] לִהְיוֹת נָגִיד[4] עַל־עַמִּי

(7) לֹא־טוֹב הֱיוֹת הָאָדָם לְבַדּוֹ

(8) וַיָּשָׁב הַמֶּלֶךְ מִרְדֹף[5] אַחֲרֵי דָוִד[6]

(9) וַיִּמְאָס[7] יְהוָה אֹתְךָ מִהְיוֹת מֶלֶךְ עַל־יִשְׂרָאֵל

(10) יְהוָה יִשְׁמַע בְּקָרְאִי אֵלָיו

(11) וַיִּשְׁמַע יְהוָה בְּקָרְאִי אֵלָיו

(12) זֹאת הַתּוֹרָה אֲשֶׁר־שָׂם מֹשֶׁה לִפְנֵי בְּנֵי יִשְׂרָאֵל בְּצֵאתָם מִמִּצְרָיִם

(13) וַיְהִי כִּשְׁמֹעַ הָאִישׁ אֶת־דִּבְרֵי הַנָּבִיא וַיִּשְׂמַח

(14) וְהָיָה כְּשָׁמְעוֹ אֶת־דִּבְרֵי הַנָּבִיא וְשָׂמַח

---

3 נָוֶה (ms) pasture, dwelling

4 נָגִיד leader, ruler

5 רָדַף (Q) to pursue, follow after, chase, persecute

6 דָּוִד David

7 מָאַס (Q) to refuse, reject, despise

Bible Translation. With the use of a standard lexicon, translate the following biblical texts. Be prepared to parse all verbs.

אַבְרָהָם	Abraham	יַרְדֵּן	Jordan
דָּוִד	David	יַעֲקֹב	Jacob
חִירָם	Hiram	עֵדֶן	Eden
יוֹסֵף	Joseph	שְׁלֹמֹה	Solomon
יִצְחָק	Isaac		

(1) וְכָל־הָאָרֶץ בָּאוּ מִצְרַיְמָה לִשְׁבֹּר אֶל־יוֹסֵף כִּי־חָזַק הָרָעָב בְּכָל־הָאָרֶץ (Gen 41:57)

(2) וְהָיָה כְּבֹא מֹשֶׁה הָאֹהֱלָה יֵרֵד עַמּוּד הֶעָנָן וְעָמַד פֶּתַח הָאֹהֶל וְדִבֶּר[8] עִם־מֹשֶׁה (Ex 33:9)

(3) וַיְהִי כְּדַבְּרָהּ[9] אֶל־יוֹסֵף יוֹם יוֹם וְלֹא־שָׁמַע אֵלֶיהָ לִשְׁכַּב אֶצְלָהּ לִהְיוֹת עִמָּהּ (Gen 39:10)

(4) 7 יְהוָה יִשְׁמָרְךָ[10] מִכָּל־רָע יִשְׁמֹר אֶת־נַפְשֶׁךָ 8 יְהוָה יִשְׁמָר־צֵאתְךָ וּבוֹאֶךָ מֵעַתָּה
וְעַד־עוֹלָם (Ps 121:7-8)

(5) וַיִּקְרָא מֹשֶׁה אֶל־כָּל־יִשְׂרָאֵל וַיֹּאמֶר אֲלֵהֶם שְׁמַע יִשְׂרָאֵל אֶת־הַחֻקִּים וְאֶת־הַמִּשְׁפָּטִים אֲשֶׁר אָנֹכִי דֹּבֵר[11] בְּאָזְנֵיכֶם הַיּוֹם וּלְמַדְתֶּם אֹתָם וּשְׁמַרְתֶּם לַעֲשֹׂתָם (Deut 5:1)

---

8 וְדִבֶּר "and he spoke"

9 כְּדַבְּרָהּ "though she spoke"

10 יִשְׁמָרְךָ "(he) will keep you"

11 דֹּבֵר "am speaking"

(6) וַיִּקַּח יְהוָה אֱלֹהִים אֶת־הָאָדָם וַיַּנִּחֵהוּ[12] בְגַן־עֵדֶן לְעָבְדָהּ וּלְשָׁמְרָהּ (Gen 2:15)

(7) וְשָׁמְרוּ[13] בְנֵי־יִשְׂרָאֵל אֶת־הַשַּׁבָּת לַעֲשׂוֹת אֶת־הַשַּׁבָּת לְדֹרֹתָם בְּרִית עוֹלָם (Ex 31:16)

(8) וְלֹא־נָתַן יְהוָה לָכֶם לֵב לָדַעַת וְעֵינַיִם לִרְאוֹת וְאָזְנַיִם לִשְׁמֹעַ עַד הַיּוֹם הַזֶּה
(Deut 29:3 [English 29:4])

(9) וַיְהִי כְּשָׁמְעִי אֶת־הַדְּבָרִים הָאֵלֶּה יָשַׁבְתִּי וָאֶבְכֶּה וָאֶתְאַבְּלָה[14] יָמִים וָאֱהִי[15] צָם וּמִתְפַּלֵּל
לִפְנֵי אֱלֹהֵי הַשָּׁמָיִם (Neh 1:4)

(10) וְהָיָה כְּצֵאת מֹשֶׁה אֶל־הָאֹהֶל יָקוּמוּ כָּל־הָעָם וְנִצְּבוּ אִישׁ פֶּתַח אָהֳלוֹ וְהִבִּיטוּ[16] אַחֲרֵי
מֹשֶׁה עַד־בֹּאוֹ הָאֹהֱלָה (Ex 33:8)

(11) אַתָּה יָדַעְתָּ אֶת־דָּוִד אָבִי כִּי לֹא יָכֹל לִבְנוֹת בַּיִת לְשֵׁם יְהוָה אֱלֹהָיו
(1 Kgs 5:17 [English 5:3])

---

[12] וַיַּנִּחֵהוּ "and he put him"

[13] וְשָׁמְרוּ Qal Perfect with Waw Consecutive

[14] וָאֶתְאַבְּלָה "and I mourned"

[15] וָאֱהִי צָם וּמִתְפַּלֵּל "and I continued fasting and praying"

[16] וְהִבִּיטוּ "and they looked"

(12) כִּי תִשְׁמַע בְּקוֹל יְהוָה אֱלֹהֶיךָ לִשְׁמֹר אֶת־כָּל־מִצְוֹתָיו אֲשֶׁר אָנֹכִי מְצַוְּךָ[17] הַיּוֹם לַעֲשׂוֹת
הַיָּשָׁר בְּעֵינֵי יְהוָה אֱלֹהֶיךָ (Deut 13:19 [English 13:18])

(13) שְׁמַע יִשְׂרָאֵל אַתָּה עֹבֵר[18] הַיּוֹם אֶת־הַיַּרְדֵּן לָבֹא לָרֶשֶׁת גּוֹיִם גְּדֹלִים וַעֲצֻמִים מִמֶּךָּ
(Deut 9:1)

(14) וַיְהִי כַּאֲשֶׁר כִּלּוּ[19] לֶאֱכֹל אֶת־הַשֶּׁבֶר אֲשֶׁר הֵבִיאוּ[20] מִמִּצְרָיִם וַיֹּאמֶר אֲלֵיהֶם אֲבִיהֶם
שֻׁבוּ שִׁבְרוּ־לָנוּ מְעַט־אֹכֶל (Gen 43:2)

(15) רְאֵה נָתַתִּי לִפְנֵיכֶם אֶת־הָאָרֶץ בֹּאוּ וּרְשׁוּ אֶת־הָאָרֶץ אֲשֶׁר נִשְׁבַּע[21] יְהוָה לַאֲבֹתֵיכֶם
לְאַבְרָהָם לְיִצְחָק וּלְיַעֲקֹב לָתֵת לָהֶם וּלְזַרְעָם אַחֲרֵיהֶם (Deut 1:8)

(16) וְעַתָּה כֹּה־תֹאמַר לְעַבְדִּי לְדָוִד כֹּה אָמַר יְהוָה צְבָאוֹת אֲנִי לְקַחְתִּיךָ[22] מִן־הַנָּוֶה מֵאַחַר
הַצֹּאן לִהְיוֹת נָגִיד עַל־עַמִּי עַל־יִשְׂרָאֵל (2 Sam 7:8)

---

[17] מְצַוְּךָ "am commanding you"

[18] עֹבֵר "are crossing over"

[19] כִּלּוּ "they finished"

[20] הֵבִיאוּ "they brought"

[21] נִשְׁבַּע "(he) swore"

[22] לְקַחְתִּיךָ "I have taken you"

(17) 22 וַיֹּאמֶר יְהוָה אֱלֹהִים הֵן הָאָדָם הָיָה כְּאַחַד מִמֶּנּוּ לָדַעַת טוֹב וָרָע וְעַתָּה פֶּן־יִשְׁלַח יָדוֹ וְלָקַח גַּם מֵעֵץ הַחַיִּים וְאָכַל וָחַי[23] לְעֹלָם 23 וַיְשַׁלְּחֵהוּ[24] יְהוָה אֱלֹהִים מִגַּן־עֵדֶן לַעֲבֹד אֶת־הָאֲדָמָה אֲשֶׁר[25] לֻקַּח מִשָּׁם (Gen 3:22-23)

(18) וַיְהִי כִּשְׁמֹעַ חִירָם אֶת־דִּבְרֵי שְׁלֹמֹה וַיִּשְׂמַח מְאֹד וַיֹּאמֶר בָּרוּךְ[26] יְהוָה הַיּוֹם אֲשֶׁר נָתַן לְדָוִד בֵּן חָכָם עַל־הָעָם הָרָב הַזֶּה (1 Kgs 5:21 [English 5:7])

(19) בְּזֵעַת[27] אַפֶּיךָ תֹּאכַל לֶחֶם עַד שׁוּבְךָ אֶל־הָאֲדָמָה כִּי מִמֶּנָּה לֻקָּחְתָּ[28] כִּי־עָפָר אַתָּה וְאֶל־עָפָר תָּשׁוּב (Gen 3:19)

(20) וַיֹּאמֶר יְהוָה אֱלֹהִים לֹא־טוֹב הֱיוֹת הָאָדָם לְבַדּוֹ אֶעֱשֶׂה־לּוֹ עֵזֶר כְּנֶגְדּוֹ (Gen 2:18)

(21) אֵלֶּה הַחֻקִּים וְהַמִּשְׁפָּטִים אֲשֶׁר תִּשְׁמְרוּן[29] לַעֲשׂוֹת בָּאָרֶץ אֲשֶׁר נָתַן יְהוָה אֱלֹהֵי אֲבֹתֶיךָ לְךָ לְרִשְׁתָּהּ כָּל־הַיָּמִים אֲשֶׁר־אַתֶּם חַיִּים עַל־הָאֲדָמָה (Deut 12:1)

---

[23] וָחַי "and live"

[24] וַיְשַׁלְּחֵהוּ "(he) expelled him"

[25] אֲשֶׁר לֻקַּח מִשָּׁם "from which he was taken"

[26] בָּרוּךְ "blessed be"

[27] בְּזֵעַת "in the sweat of"

[28] לֻקָּחְתָּ "you were taken"

[29] תִּשְׁמְרוּן = תִּשְׁמְרוּ

(22) רַק שִׁמְרוּ מְאֹד לַעֲשׂוֹת אֶת־הַמִּצְוָה וְאֶת־הַתּוֹרָה אֲשֶׁר צִוָּה[30] אֶתְכֶם מֹשֶׁה עֶבֶד־יְהוָה לְאַהֲבָה אֶת־יְהוָה אֱלֹהֵיכֶם וְלָלֶכֶת בְּכָל־דְּרָכָיו וְלִשְׁמֹר מִצְוֹתָיו וּלְדָבְקָה־בוֹ וּלְעָבְדוֹ בְּכָל־לְבַבְכֶם וּבְכָל־נַפְשְׁכֶם (Josh 22:5)

Hebrew Composition. Write each of the sentences below in Hebrew. The section above entitled "Translation" constitutes the answer key to this exercise.

1. They came to Egypt to buy grain.

2. He did not listen to her to lie with (near) her or to be with her.

3. (And) he put the man in the garden to work it and to keep it.

4. He was not able to build a house for the name of the LORD.

5. You (2ms) will listen to the voice of (obey) the LORD your God by observing all these things.

6. I took (have taken) you from the pasture to be a prince over my people.

7. It is not good for the man to be alone (literally, the man's being alone is not good).

8. (And) the king returned from pursuing after David.

---

[30] צִוָּה "(he) commanded"

9.   (And) the Lord has rejected you from being king over Israel.

10.   The Lord will hear (hears) when I call to him.

11.   (And) the Lord heard when I called to him.

12.   This is the law which Moses placed before the people (sons) of Israel when they came out from Egypt.

13.   (And) when the man heard the words of the prophet he rejoiced.

14.   (And) when he hears (will hear) the words of the prophet he will rejoice.

Exercise 21

Qal Infinitive Absolute

Parsing. The following parsing exercise is composed primarily of Infinitive Absolute forms, though a few other verbal forms have been included. For the Infinitive Absolute, identify the stem, conjugation, and lexical form.

	Stem	*Conjugation*	*PGN*	*Lexical Form*
1. שָׁמוֹר				
2. נָפוֹל				
3. עָמֹד				
4. עָזֹב				
5. שָׁלוֹחַ				
6. שְׁלַח				
7. אָמוֹר				
8. שָׁמוֹעַ				
9. שְׁמֹעַ				
10. שְׁמַע				
11. הָלוֹךְ				
12. עָלֹה				
13. עֲלוֹת				
14. עֲלֵה				
15. בָּחוֹר				

16. בָּחֹר

17. בָּחַר

18. קוֹם

19. קוּם

20. קָם

21. שׂוֹם

22. שָׂם

23. שִׂים

Translation. Translate the following Hebrew sentences into English. This exercise will emphasize the grammatical construction in which an Infinitive Absolute is placed before a finite verb for the purpose of emphasizing the verbal idea. The section below entitled "Hebrew Composition" constitutes the answer key. Consult a standard lexicon when necessary.

(1) שָׁמוֹעַ תִּשְׁמְעוּ בְּקֹלִי

(2) שָׁמוֹר תִּשְׁמְרוּ אֶת־מִצְוֹת יְהוָה

(3) מָלֹךְ תִּמְלֹךְ עָלֵינוּ

(4) לֹא מוֹת תָּמוּתוּ

(5) זָכֹר תִּזְכֹּר אֵת אֲשֶׁר־עָשָׂה יְהוָה

(6) רָאֹה רָאִיתִי אֶת־עֳנִי עַמִּי

(7) אֱלֹהִים פָּקֹד יִפְקֹד אֶתְכֶם

(8) יָדֹעַ תֵּדַע כִּי־גֵר יִהְיֶה זַרְעֲךָ בָּאָרֶץ

Bible Translation. With the use of a standard lexicon, translate the following biblical texts. Be prepared to parse all verbs.

אַבְרָהָם	Abraham	יִצְחָק	Isaac
אַבְרָם	Abram	מִצְרַיִם	Egypt
יוֹסֵף	Joseph	מֹשֶׁה	Moses
יַעֲקֹב	Jacob	פַּרְעֹה	Pharaoh

(1) לֹא תִירָא מֵהֶם זָכֹר תִּזְכֹּר אֵת אֲשֶׁר־עָשָׂה יְהוָה אֱלֹהֶיךָ לְפַרְעֹה וּלְכָל־מִצְרָיִם (Deut 7:18)

(2) וַיֹּאמְרוּ לוֹ אֶחָיו הֲמָלֹךְ תִּמְלֹךְ עָלֵינוּ אִם[1]־מָשׁוֹל תִּמְשֹׁל בָּנוּ (Gen 37:8)

(3) וַיֹּאמֶר יְהוָה רָאֹה רָאִיתִי אֶת־עֳנִי עַמִּי אֲשֶׁר בְּמִצְרָיִם וְאֶת־צַעֲקָתָם שָׁמַעְתִּי מִפְּנֵי נֹגְשָׂיו[2]
(Ex 3:7)

(4) שָׁמוֹר תִּשְׁמְרוּן[3] אֶת־מִצְוֹת יְהוָה אֱלֹהֵיכֶם וְעֵדֹתָיו וְחֻקָּיו אֲשֶׁר צִוָּךְ[4] (Deut 6:17)

(5) וְעַתָּה הִנֵּה יָדַעְתִּי כִּי מָלֹךְ תִּמְלוֹךְ וְקָמָה[5] בְּיָדְךָ מַמְלֶכֶת יִשְׂרָאֵל
(1 Sam 24:21 [English 24:20])

---

1 אִם "or"

2 נֹגְשָׂיו "his (their) taskmasters"

3 תִּשְׁמְרוּן = תִּשְׁמְרוּ

4 צִוָּךְ "he commanded you"

5 וְקָמָה "and (it) will be established"

(6) וַיֹּאמֶר הַנָּחָשׁ אֶל־הָאִשָּׁה לֹא־מוֹת תְּמֻתוּן[6] (Gen 3:4)

(7) וַיֹּאמֶר לְאַבְרָם יָדֹעַ תֵּדַע כִּי־גֵר יִהְיֶה זַרְעֲךָ בְּאֶרֶץ לֹא לָהֶם (Gen 15:13)

(8) וַיֹּאמֶר יוֹסֵף אֶל־אֶחָיו אָנֹכִי[7] מֵת וֵאלֹהִים פָּקֹד יִפְקֹד אֶתְכֶם וְהֶעֱלָה[8] אֶתְכֶם מִן־הָאָרֶץ
הַזֹּאת אֶל־הָאָרֶץ אֲשֶׁר נִשְׁבַּע[9] לְאַבְרָהָם לְיִצְחָק וּלְיַעֲקֹב (Gen 50:24)

(9) וְעַתָּה אִם־שָׁמוֹעַ תִּשְׁמְעוּ בְּקֹלִי וּשְׁמַרְתֶּם אֶת־בְּרִיתִי וִהְיִיתֶם לִי סְגֻלָּה מִכָּל־הָעַמִּים כִּי־לִי
כָּל־הָאָרֶץ (Ex 19:5)

(10) זָכוֹר אֶת־יוֹם הַשַּׁבָּת לְקַדְּשׁוֹ[10] (Ex 20:8)

(11) זָכוֹר אֶת־הַדָּבָר אֲשֶׁר צִוָּה[11] אֶתְכֶם מֹשֶׁה עֶבֶד־יְהוָה לֵאמֹר יְהוָה אֱלֹהֵיכֶם מֵנִיחַ[12] לָכֶם
וְנָתַן לָכֶם אֶת־הָאָרֶץ הַזֹּאת (Josh 1:13)

---

6 תְּמֻתוּן Qal Imperfect 2mp מות

7 אָנֹכִי מֵת "I am about to die"

8 וְהֶעֱלָה "he will bring"

9 נִשְׁבַּע "he swore"

10 לְקַדְּשׁוֹ "to keep it holy"

11 צִוָּה "he commanded"

12 מֵנִיחַ "is providing a place"

(12) וַיֹּאמֶר מֹשֶׁה אֶל־הָעָם זָכוֹר אֶת־הַיּוֹם הַזֶּה אֲשֶׁר יְצָאתֶם מִמִּצְרַיִם מִבֵּית עֲבָדִים (Ex 13:3)

(13) וּמֵעֵץ הַדַּעַת טוֹב וָרָע לֹא תֹאכַל מִמֶּנּוּ כִּי בְּיוֹם אֲכָלְךָ[13] מִמֶּנּוּ מוֹת תָּמוּת (Gen 2:17)

(14) וַיְסַפֵּר[14] אֶל־אָבִיו וְאֶל־אֶחָיו וַיִּגְעַר־בּוֹ אָבִיו וַיֹּאמֶר לוֹ מָה הַחֲלוֹם הַזֶּה אֲשֶׁר חָלָמְתָּ הֲבוֹא נָבוֹא אֲנִי וְאִמְּךָ וְאַחֶיךָ לְהִשְׁתַּחֲוֹת[15] לְךָ אָרְצָה (Gen 37:10)

Hebrew Composition. Write each of the sentences below in Hebrew. The section above entitled "Translation" constitutes the answer key to this exercise.

1. You (2mp) will surely obey my voice (obey me).

2. You (2mp) will surely observe the commandments of the LORD.

3. You (2ms) will surely be king over us.

4. Surely you (2mp) will not die.

5. You (2ms) will surely remember what the LORD did (has done).

---

[13] אֲכָלְךָ "you eat"

[14] וַיְסַפֵּר "and he told (it)"

[15] לְהִשְׁתַּחֲוֹת "to bow down"

6.   I have surely seen the affliction of my people.

7.   God will surely visit you (2mp).

8.   You (2ms) will surely know that your seed will be a sojourner in the land.

Exercise 22

Qal Participle

Paradigm Memorization. Before working through the following exercise, you must first memorize the Qal Participle paradigm of קָטַל (22.2). After doing this, you should practice reciting and writing the Qal Participle paradigm with other strong verbs.

Parsing. The following exercise is composed primarily of Participles, though a few other verbal forms have been included. For Participles, identify the stem, conjugation, gender, number, and lexical form.

	Stem	*Conjugation*	*PGN*	*Lexical Form*
1. הֹלֶ֫כֶת	**Qal**	**Participle**	**fs**	הָלַךְ
2. הֹלְכָה				
3. עֹשִׂים				
4. אֹמְרִים				
5. רֹאֶה				
6. הֲלְכָה				
7. שֹׁמֵר				
8. שְׁמֹר				
9. שָׁמוֹר				
10. רֹעָה				
11. עֹלוֹת				
12. קֹרֵאת				
13. קָמִים				

14. בֹּטְחִים
15. אֶשְׁלְחָה
16. יֹצֵאת
17. בֹּרַ֫חַת
18. בָּאִים
19. עֹנֶה
20. עָזוּב
21. צֹעֲקוֹת
22. פָּתוּחַ
23. עֹשׂוֹת
24. רֹעוֹת
25. בֹּרְחִים

Translation. Translate the following Hebrew sentences into English. The section below entitled "Hebrew Composition" constitutes the answer key. Consult a standard lexicon when necessary.

(1) הַמַּלְאָךְ הֹלֵךְ אֶל־הַהֵיכָל

(2) הַנְּעָרִים רֹעִים אֶת־צֹאן אֲבִיהֶם

(3) עֹלוֹת בְּנוֹת הַזָּקֵן הָהָ֫רָה

(4) הַכֹּהֲנִים כֹּתְבִים אֶת־הַדְּבָרִים בַּסֵּ֫פֶר

(5) זֹכְרוֹת בְּנוֹת הַנָּבִיא אֶת־שִׁירֵי אֲבִיהֶן

(6)   נְבִיאֵי יִשְׂרָאֵל שֹׁמְרִים אֶת־מִצְוֹת אֱלֹהִים

(7)   יֹשְׁבִים הַזָּקֵן וּבְנוֹתָיו בָּעִיר הָרָעָה

(8)   אֶת־הָאָרֶץ וְאֶת־הָעָם הַיֹּשֵׁב עָלֶיהָ תִּרְאֶה

(9)   הָאֲנָשִׁים הַהֹלְכִים לִרְאוֹת אֶת־הָאָרֶץ שָׁבוּ

(10)   יִתֵּן[1] יְהוָה אֶת־הָאִשָּׁה הַבָּאָה אֶל־בֵּיתֶךָ כְּרָחֵל[2] וּכְלֵאָה

Bible Translation. With the use of a standard lexicon, translate the following biblical texts. Be prepared to parse all verbs.

הֶבֶל	Abel	פַּרְעֹה	Pharaoh
יִצְחָק	Isaac	צִיּוֹן	Zion
יְהוּדָה	Judah	קַיִן	Cain
יַרְדֵּן	Jordan	מֹשֶׁה	Moses
יִשְׂרָאֵל	Israel	שָׂרָה	Sarah

(1)   וַיֹּאמֶר יְהוָה אֶל־קַיִן אֵי הֶבֶל אָחִיךָ וַיֹּאמֶר לֹא יָדַעְתִּי הֲשֹׁמֵר אָחִי אָנֹכִי (Gen 4:9)

(2)   רְאֵה אָנֹכִי נֹתֵן לִפְנֵיכֶם הַיּוֹם בְּרָכָה וּקְלָלָה (Deut 11:26)

(3)   הִנֵּה יָמִים בָּאִים נְאֻם־יְהוָה[3] וְכָרַתִּי אֶת־בֵּית יִשְׂרָאֵל וְאֶת־בֵּית יְהוּדָה בְּרִית חֲדָשָׁה
                                                                            (Jer 31:31)

---

[1] יִתֵּן "may the [LORD] make"

[2] כְּרָחֵל וּכְלֵאָה "like Rachel and like Leah"

[3] נְאֻם־יְהוָה "declares the LORD"

(4) וַיֹּאמַר יְהוָה אֱלֹהֵי יִשְׂרָאֵל אֵין־כָּמוֹךָ אֱלֹהִים בַּשָּׁמַיִם מִמַּעַל וְעַל־הָאָרֶץ מִתָּחַת שֹׁמֵר הַבְּרִית וְהַחֶסֶד לַעֲבָדֶיךָ הַהֹלְכִים לְפָנֶיךָ בְּכָל־לִבָּם (1 Kgs 8:23)

(5) וַיֹּאמֶר מֶה עָשִׂיתָ קוֹל דְּמֵי אָחִיךָ צֹעֲקִים אֵלַי מִן־הָאֲדָמָה (Gen 4:10)

(6) וַיֹּאמֶר אֱלֹהִים זֹאת אוֹת־הַבְּרִית אֲשֶׁר־אֲנִי נֹתֵן בֵּינִי וּבֵינֵיכֶם וּבֵין כָּל־נֶפֶשׁ חַיָּה אֲשֶׁר אִתְּכֶם לְדֹרֹת עוֹלָם (Gen 9:12)

(7) וַיֹּאמֶר אֱלֹהִים אֲבָל שָׂרָה אִשְׁתְּךָ יֹלֶדֶת לְךָ בֵּן וְקָרָאתָ אֶת־שְׁמוֹ יִצְחָק וַהֲקִמֹתִי[4] אֶת־בְּרִיתִי אִתּוֹ לִבְרִית עוֹלָם לְזַרְעוֹ אַחֲרָיו (Gen 17:19)

(8) הַבֹּטְחִים בַּיהוָה כְּהַר־צִיּוֹן לֹא־יִמּוֹט[5] לְעוֹלָם יֵשֵׁב (Ps 125:1)

(9) וּמַרְאֵה כְּבוֹד יְהוָה כְּאֵשׁ אֹכֶלֶת בְּרֹאשׁ הָהָר לְעֵינֵי בְּנֵי יִשְׂרָאֵל (Ex 24:17)

(10) מֹשֶׁה עַבְדִּי מֵת וְעַתָּה קוּם עֲבֹר אֶת־הַיַּרְדֵּן הַזֶּה אַתָּה וְכָל־הָעָם הַזֶּה אֶל־הָאָרֶץ אֲשֶׁר אָנֹכִי נֹתֵן לָהֶם לִבְנֵי יִשְׂרָאֵל (Josh 1:2)

---

4 וַהֲקִמֹתִי "and I will establish"

5 לֹא־יִמּוֹט "it cannot be moved"

(11) כִּֽי־יוֹדֵעַ יְהוָה דֶּרֶךְ צַדִּיקִים וְדֶרֶךְ רְשָׁעִים תֹּאבֵד (Ps 1:6)

(12) וְגַם אֶת־הַגּוֹי אֲשֶׁר יַעֲבֹדוּ דָּן אָנֹכִי וְאַחֲרֵי־כֵן[6] יֵצְאוּ בִּרְכֻשׁ גָּדוֹל (Gen 15:14)

(13) וְהָיָה בַּיּוֹם אֲשֶׁר תַּעַבְרוּ אֶת־הַיַּרְדֵּן אֶל־הָאָרֶץ אֲשֶׁר־יְהוָה אֱלֹהֶיךָ נֹתֵן לָךְ וַהֲקֵמֹתָ[7] לְךָ אֲבָנִים גְּדֹלוֹת (Deut 27:2)

(14) כִּי אֶת־כָּל־הָאָרֶץ אֲשֶׁר־אַתָּה רֹאֶה לְךָ אֶתְּנֶנָּה[8] וּלְזַרְעֲךָ עַד־עוֹלָם (Gen 13:15)

(15) וַיָּבֹאוּ שֹׁטְרֵי[9] בְּנֵי יִשְׂרָאֵל וַיִּצְעֲקוּ אֶל־פַּרְעֹה לֵאמֹר לָמָּה תַעֲשֶׂה כֹה לַעֲבָדֶיךָ (Ex 5:15)

---

[6] וְאַחֲרֵי־כֵן "afterwards"

[7] וַהֲקֵמֹתָ "you shall set up"

[8] אֶתְּנֶנָּה "I will give it"

[9] שֹׁטְרֵי "officers of"

Inflecting Verbs. Give the following forms in Hebrew.

1.   Qal Participle mp   הָלַךְ

2.   Qal Participle fs   מָצָא

3.   Qal Participle fs   מָצָא

4.   Qal Participle fp   עָמַד

5.   Qal Participle ms   בָּרַח

6.   Qal Participle ms   אָכַל

7.   Qal Participle mp   צָעַק

8.   Qal Participle ms   גָּאַל

9.   Qal Participle ms   שָׁלַח

10. Qal Participle fp   צָעַק

11. Qal Participle fs   שָׁמַע

12. Qal Participle fs   שָׁמַע

13. Qal Participle fp   יָצָא

14. Qal Participle mp   קָרָא

15. Qal Participle fs   שָׁלַח

Hebrew Composition. Write each of the following sentences in Hebrew. The section above entitled "Translation" constitutes the answer key to this exercise.

1. The messenger is walking to the temple.

2. The young men are tending the flock(s) of their father.

3. The daughters of the elder are going up to the mountain.

4. The priests are writing the words in the book.

5. The daughters of the prophet are remembering the songs of their father.

6. The prophets of Israel are observing the commandments of God.

7. The old man and his daughters are dwelling in the wicked city.

8. You (2ms) will see the land and the people who dwell on it.

9. The men who went to see the land have returned.

10. May the Lord make the woman who comes into your house like Rachel and like Leah.

Exercise 23

Issues of Sentence Syntax

Bible Translation. With the use of a standard lexicon, translate the following biblical texts. Be prepared to parse all verbs.

אֲמִתַּי	Amittai	יוֹנָה	Jonah
חֹרֵב	Horeb	נִינְוֵה	Nineveh

(1) זָכוֹר אֶת־הַדָּבָר אֲשֶׁר צִוָּה[1] אֶתְכֶם מֹשֶׁה עֶבֶד־יְהוָה לֵאמֹר יְהוָה אֱלֹהֵיכֶם מֵנִיחַ[2] לָכֶם
וְנָתַן לָכֶם אֶת־הָאָרֶץ הַזֹּאת (Josh 1:13)

(2) יְהוָה אֱלֹהֵיכֶם נָתַן לָכֶם אֶת־הָאָרֶץ הַזֹּאת לְרִשְׁתָּהּ[3] (Deut 3:18)

(3) יְהוָה יִמְלֹךְ לְעֹלָם וָעֶד (Exodus 15:18)

(4) וַיִּמְלֹךְ דָּוִד עַל־כָּל־יִשְׂרָאֵל וַיְהִי דָוִד עֹשֶׂה מִשְׁפָּט וּצְדָקָה לְכָל־עַמּוֹ (2 Sam 8:15)

1 צִוָּה "[he] commanded"
2 מֵנִיחַ "is providing rest"
3 לְרִשְׁתָּהּ Qal Infinitive Construct of יָרַשׁ with preposition לְ and 3fs pronominal suffix

(5) יִמְלֹךְ יְהוָה לְעוֹלָם אֱלֹהַיִךְ צִיּוֹן לְדֹר וָדֹר (Ps 146:10)

(6) 1 וַיְהִי דְּבַר־יְהוָה אֶל־יוֹנָה בֶן־אֲמִתַּי לֵאמֹר 2 קוּם לֵךְ אֶל־נִינְוֵה הָעִיר הַגְּדוֹלָה וּקְרָא עָלֶיהָ כִּי־עָלְתָה רָעָתָם לְפָנָי (Jonah 1:1-2)

(7) לֵךְ וְאָמַרְתָּ אֶל־עַבְדִּי אֶל־דָּוִד כֹּה אָמַר יְהוָה הַאַתָּה תִּבְנֶה־לִּי בַיִת לְשִׁבְתִּי[4] (2 Sam 7:5)

(8) וַיֹּאמֶר אֲלֵהֶם מֹשֶׁה עִמְדוּ וְאֶשְׁמְעָה מַה־יְצַוֶּה[5] יְהוָה לָכֶם (Num 9:8)

(9) וַיֹּאמֶר אֵלֶיהָ קוּמִי וְנֵלֵכָה וְאֵין עֹנֶה (Judg 19:28)

(10) וְהָלְכוּ עַמִּים רַבִּים וְאָמְרוּ לְכוּ וְנַעֲלֶה אֶל־הַר־יְהוָה אֶל־בֵּית אֱלֹהֵי יַעֲקֹב וְיֹרֵנוּ[6] מִדְּרָכָיו וְנֵלְכָה בְּאֹרְחֹתָיו כִּי מִצִּיּוֹן תֵּצֵא תוֹרָה וּדְבַר־יְהוָה מִירוּשָׁלָםִ (Isa 2:3)

---

4 לְשִׁבְתִּי Qal Infinitive Construct of יָשַׁב with preposition לְ and 1cs pronominal suffix

5 יְצַוֶּה "[he] will command"

6 וְיֹרֵנוּ "that he may teach us"

(11)   בֵּית יַעֲקֹב לְכוּ וְנֵלְכָה בְּאוֹר יְהוָה (Isa 2:5)

(12)   כִּי כָּל־הָעַמִּים יֵלְכוּ אִישׁ בְּשֵׁם אֱלֹהָיו וַאֲנַחְנוּ נֵלֵךְ בְּשֵׁם־יְהוָה אֱלֹהֵינוּ לְעוֹלָם וָעֶד

(Micah 4:5)

(13)   וְיִבְטְחוּ בְךָ יוֹדְעֵי שְׁמֶךָ כִּי לֹא־עָזַבְתָּ דֹרְשֶׁיךָ יְהוָה (Ps 9:11 [English 9:10])

(14)   הִנְנִי עֹמֵד לְפָנֶיךָ שָּׁם עַל־הַצּוּר בְּחֹרֵב וְהִכִּיתָ[7] בַצּוּר וְיָצְאוּ מִמֶּנּוּ מַיִם וְשָׁתָה הָעָם וַיַּעַשׂ

כֵּן מֹשֶׁה לְעֵינֵי זִקְנֵי יִשְׂרָאֵל (Ex 17:6)

(15)   קְדֹשִׁים תִּהְיוּ כִּי קָדוֹשׁ אֲנִי יְהוָה אֱלֹהֵיכֶם (Lev 19:2)

(16)   וְאִם רַע בְּעֵינֵיכֶם לַעֲבֹד אֶת־יְהוָה בַּחֲרוּ לָכֶם הַיּוֹם אֶת־מִי תַעֲבֹדוּן אִם אֶת־אֱלֹהִים

אֲשֶׁר־עָבְדוּ אֲבוֹתֵיכֶם וְאִם אֶת־אֱלֹהֵי הָאֱמֹרִי וְאָנֹכִי וּבֵיתִי נַעֲבֹד אֶת־יְהוָה: (Josh 24:15*)

---

[7] וְהִכִּיתָ "and you will strike"

(17) **20** וַיִּדַּר יַעֲקֹב נֶדֶר לֵאמֹר אִם־יִהְיֶה אֱלֹהִים עִמָּדִי וּשְׁמָרַנִי בַּדֶּרֶךְ הַזֶּה אֲשֶׁר אָנֹכִי הוֹלֵךְ

וְנָתַן־לִי לֶחֶם לֶאֱכֹל וּבֶגֶד לִלְבֹּשׁ׃ **21** וְשַׁבְתִּי בְשָׁלוֹם אֶל־בֵּית אָבִי וְהָיָה יְהוָה לִי לֵאלֹהִים

(Gen 28:20-21)

Exercise 24

The Niphal Stem - Strong Verbs

Diagnostics. With a colored pen, give only the diagnostics for the following Niphal strong verb forms.

Perfect	*Imperfect*	*Imperative*	*Infinitive Construct*	*Infinitive Absolute*	*Participle*
קטל	קטל	קטל	קטל	קטל קטל	קטל

Parsing. Identify the verbal stem, conjugation, person, gender, number, and lexical form of the following verbs.

		Stem	*Conjugation*	*PGN*	*Lexical Form*	*Prefix/Suffix*
1.	יִפָּקֵד	**Niphal**	**Imperfect**	**3ms**	פָּקַד	
2.	נִשְׁמַרְתֶּן					
3.	תִּכָּתַ֫בְנָה					
4.	הִזָּֽכְרוּ					
5.	נִכְתָּבִים					
6.	הִשָּׁלֵךְ					
7.	נִשָּׁלֵךְ					
8.	נִקְטַל					
9.	נִקְטָל					
10.	הִקָּבֵץ					

11. תִּקָּבְרִי

12. נִזְכָּרוֹת

13. נִשְׁבְּרוּ

14. הִשָּׁבְרוּ

15. תִּשָּׁבְרוּ

16. נִשְׁמַ֫דְתִּי

17. נִכְתּוֹב

18. הִכָּתוֹב

19. הִשָּׁמַ֫רְנָה

20. הִכָּתְבִי

More Diagnostics. The following Niphal verbs are taken from the parsing exercise above. With a colored pen, mark only the stem diagnostics for each of the forms.

1. יִפָּקֵד

2. נִשְׁמַרְתֶּן

3. הִזָּכְרוּ

4. נִכְתָּבִים

5. הִשָּׁלֵךְ

6. נִקְטַל

7. נִקְטָל

8. הִשָּׁבְרוּ

9. נִכְתּוֹב

10. הִכָּתוֹב

Translation. The following sentences have either Qal or Niphal verbs.

(1) הַנְּבִיאִים יִזָּֽכְרוּ

(2) אֶת־הַנְּבִיאִים יִזְכְּרוּ

(3) הַנְּבִיאִים זָֽכְרוּ

(4) הַנְּבִיאִים נִזְכְּרוּ

(5) זְכֹר אֶת־הַנְּבִיאִים

(6) אֶת־הַנְּבִיאִים תִּזְכְּרוּ

(7) שִׁמְרוּ אֶת־מִצְוֹת הַמֶּ֫לֶךְ

(8) מִצְוֹת הַמֶּ֫לֶךְ תִּשָּׁמַ֫רְנָה

(9) מִצְוַת הַמֶּ֫לֶךְ נִשְׁמְרָה

(10) אֶת־מִצְוַת הַמֶּ֫לֶךְ שָׁמַר

(11) אֶת־מִצְוֹת הַמֶּ֫לֶךְ שָֽׁמְרוּ

(12) שְׁמֹ֫רְנָה אֶת־מִצְוַת הַמֶּ֫לֶךְ

(13) בַּת הַשֹּׁפֵט מְדַבֶּ֫רֶת נִשְׁלְחָה

(14) בַּת הַשֹּׁפֵט מְדַבֶּ֫רֶת תִּשָּׁלֵחַ

(15) בֶּן־הַמֶּ֫לֶךְ יִכָּרֵת מֵעַל הַכִּסֵּא

Bible Translation. With the use of a standard lexicon, translate the following biblical texts.

אַבְרָהָם	Abraham	יִצְחָק	Isaac
אַהֲרֹן	Aaron	יִשְׂרָאֵל	Israel
אֶלְעָזָר	Eleazar	מִצְרַ֫יִם	Egypt
אֶפְרָתָה	to Ephrath	מֹשֶׁה	Moses
בֵּית לֶחֶם	Bethlehem	לְבַעַל פְּעוֹר	to Baal of Peor
יַעֲקֹב	Jacob	רָחֵל	Rachel

(1) וְאַתָּה תָּבוֹא אֶל־אֲבֹתֶיךָ בְּשָׁלוֹם תִּקָּבֵר בְּשֵׂיבָה טוֹבָה (Gen 15:15)

(2) הִקָּבְצוּ וְשִׁמְעוּ בְּנֵי יַעֲקֹב וְשִׁמְעוּ אֶל־יִשְׂרָאֵל אֲבִיכֶם (Gen 49:2)

(3) וַיִּגְדַּל הַיֶּלֶד וַיִּגָּמַל וַיַּעַשׂ אַבְרָהָם מִשְׁתֶּה גָדוֹל בְּיוֹם הִגָּמֵל אֶת־יִצְחָק (Gen 21:8)

(4) שָׁם מֵת אַהֲרֹן וַיִּקָּבֵר שָׁם וַיְכַהֵן[1] אֶלְעָזָר בְּנוֹ תַּחְתָּיו (Deut 10:6)

---

[1] וַיְכַהֵן "(he) performed the duties of priest"

(5) וּבְכֹל אֲשֶׁר־אָמַרְתִּי אֲלֵיכֶם תִּשָּׁמֵרוּ וְשֵׁם אֱלֹהִים אֲחֵרִים לֹא תַזְכִּירוּ[2] (Ex 23:13)

(6) וַיֹּאמֶר מֹשֶׁה אֶל־שֹׁפְטֵי יִשְׂרָאֵל הִרְגוּ אִישׁ אֲנָשָׁיו הַנִּצְמָדִים לְבַעַל פְּעוֹר (Num 25:5)

(7) וַתָּמָת רָחֵל וַתִּקָּבֵר בְּדֶרֶךְ אֶפְרָתָה הִוא[3] בֵּית לָחֶם (Gen 35:19)

(8) וְהָיָה זַרְעֲךָ כַּעֲפַר הָאָרֶץ וּפָרַצְתָּ יָמָּה וָקֵדְמָה וְצָפֹנָה וָנֶגְבָּה וְנִבְרֲכוּ בְךָ כָּל־מִשְׁפְּחֹת הָאֲדָמָה וּבְזַרְעֶךָ (Gen 28:14)

(9) הִשָּׁמֶר לְךָ פֶּן־תִּשְׁכַּח אֶת־יְהוָה אֲשֶׁר הוֹצִיאֲךָ[4] מֵאֶרֶץ מִצְרַיִם מִבֵּית עֲבָדִים (Deut 6:12)

(10) הִשָּׁמְרוּ לָכֶם פֶּן־תִּשְׁכְּחוּ אֶת־בְּרִית יְהוָה אֱלֹהֵיכֶם אֲשֶׁר כָּרַת עִמָּכֶם וַעֲשִׂיתֶם לָכֶם פֶּסֶל (Deut 4:23)

---

[2] לֹא תַזְכִּירוּ "you will not mention"

[3] הִוא = הִיא

[4] הוֹצִיאֲךָ "(he) brought you out"

(11) הִשָּׁמֶר לְךָ פֶּן־תִּשְׁכַּח אֶת־יְהוָה אֱלֹהֶיךָ לְבִלְתִּי שְׁמֹר מִצְוֹתָיו וּמִשְׁפָּטָיו וְחֻקֹּתָיו אֲשֶׁר אָנֹכִי
מְצַוְּךָ[5] הַיּוֹם (Deut 8:11)

(12) שֹׁפֵךְ דַּם הָאָדָם בָּאָדָם דָּמוֹ יִשָּׁפֵךְ כִּי בְּצֶלֶם אֱלֹהִים עָשָׂה אֶת־הָאָדָם (Gen 9:6)

_____

[5] מְצַוְּךָ "am commanding you"

Exercise 25a

The Niphal Stem - Weak Verbs

Diagnostics. With a colored pen, give only the diagnostics for the following Niphal weak verb forms. This exercise will focus on III-א and III-ה verbs. You will recognize the shaded endings on the III-ה verbs from your study of 25.5.2 in the grammar.

	Perfect	*Imperfect*	*Imperative*	*Infinitive Construct*	*Infinitive Absolute*	*Participle*
III-א	מצא	מצא	מצא	מצא	מצא	מצא
III-ה	בנָה	בנֶה	בנֵה	בנוֹת	בנֹה	בנֶה

Parsing. Identify the verbal stem, conjugation, person, gender, number, and lexical form of the following verbs.

	Stem	*Conjugation*	*PGN*	*Lexical Form*
1. נִשְׁמַע				
2. נִשָּׁמַע				
3. נִשְׁמְעוּ				
4. תִּבָּטְחִי				
5. הִבָּטְחִי				
6. נִקְרְאוּ				
7. תִּקָּרְאוּ				
8. הִכָּסֵה				
9. הִכָּסוּ				

10. יִכָּסוּ

11. תִּמָּצֶ֫אנָה

12. הִמָּצֶ֫אנָה

13. אֶשָּׁמַע

14. נִקְרֵאנוּ

15. יִקָּֽרְאוּ

16. הִקָּֽרְאוּ

17. נִקְרָאוֹת

18. יִשָּׁתֶה

19. נִשְׁתֵּ֫יתָ

20. תִּשָּׁתִי

Translation. The following sentences have either Qal or Niphal verbs.

(1) שִׁירֵי שִׂמְחָה בָּאָ֫רֶץ יִשָּֽׁמְעוּ

(2) שִׁירֵי שִׂמְחָה בָּאָ֫רֶץ נִשְׁמְעוּ

(3) שִׁירֵי שִׂמְחָה בָּאָ֫רֶץ יִשְׁמְעוּ

(4) שִׁיר שִׂמְחָה בָּאָ֫רֶץ נִשְׁמַע

(5) בֶּן־הַנָּבִיא אֶל־הַמֶּ֫לֶךְ נִשְׁלַח

(6) אֶת־בֶּן־הַנָּבִיא אֶל־הַמֶּ֫לֶךְ נִשְׁלַח

(7) אֶל־הֵיכַל הַמֶּ֫לֶךְ נִשָׁלַח

(8) עָרִים גְּדוֹלוֹת בָּאָ֫רֶץ תִּבָּנֶ֫ינָה

(9) עָרִים גְּדוֹלוֹת בָּאָ֫רֶץ תִּבְנֶ֫ינָה

(10) עָרִים גְּדוֹלוֹת בָּאָ֫רֶץ נִבְנֶה

(11) עָרִים גְּדוֹלוֹת בָּאָ֫רֶץ נִבְנוּ

(12) עָרִים גְּדוֹלוֹת בָּאָ֫רֶץ בָּנוּ

(13) עָרִים גְּדוֹלוֹת בָּאָ֫רֶץ בָּנִ֫ינוּ

(14) שַׁ֫עַר הָעִיר נִפְתַּח

(15) פִּתְחוּ אֶת־שַׁ֫עַר הָעִיר

Bible Translation. With the use of a standard lexicon, translate the following biblical texts. Be prepared to parse all verbs.

אַבְרָם	Abram	עַמּוֹן	Ammon
אַבְרָהָם	Abraham	פַּרְעֹה	Pharaoh
יְהוֹשֻׁעַ	Joshua	צִידוֹן	Sidon
יַעֲקֹב	Jacob	שְׁלֹמֹה	Solomon
יִצְחָק	Isaac	שָׂרַי	Sarai (also שָׂרָי)

(1)   בַּלַּיְלָה¹ הַהוּא נִרְאָה אֱלֹהִים לִשְׁלֹמֹה וַיֹּאמֶר לוֹ שְׁאַל מָה אֶתֶּן־לָךְ (2 Chr 1:7)

(2)   אֶת־יְהוָה אֱלֹהֶיךָ תִּירָא וְאֹתוֹ תַעֲבֹד וּבִשְׁמוֹ תִּשָּׁבֵעַ (Deut 6:13)

(3)   וַיֹּאמֶר יְהוָה אֵלָיו זֹאת הָאָרֶץ אֲשֶׁר נִשְׁבַּעְתִּי לְאַבְרָהָם לְיִצְחָק וּלְיַעֲקֹב (Deut 34:4)

(4)   וַיָּשֶׂם הָעֶבֶד אֶת־יָדוֹ תַּחַת יֶרֶךְ אַבְרָהָם אֲדֹנָיו וַיִּשָּׁבַע לוֹ עַל־הַדָּבָר הַזֶּה (Gen 24:9)

(5)   וַיֵּרָא² יְהוָה אֶל־אַבְרָם וַיֹּאמֶר לְזַרְעֲךָ אֶתֵּן אֶת־הָאָרֶץ הַזֹּאת וַיִּבֶן שָׁם מִזְבֵּחַ לַיהוָה הַנִּרְאֶה אֵלָיו (Gen 12:7)

(6)   וַתִּתֵּן לָהֶם אֶת־הָאָרֶץ הַזֹּאת אֲשֶׁר־נִשְׁבַּעְתָּ לַאֲבוֹתָם לָתֵת לָהֶם אֶרֶץ זָבַת³ חָלָב וּדְבָשׁ (Jer 32:22)

---

¹ בַּלַּיְלָה הַהוּא "in that night." The demonstrative adjective הוּא is masculine because the noun לַיְלָה is considered masculine, not feminine.

² וַיֵּרָא "and (he) appeared"

³ זָבַת חָלָב וּדְבָשׁ "flowing with milk and honey"

(7) וַיֹּאמֶר יְהוָה אֵלָי מִצָּפוֹן תִּפָּתַח הָרָעָה עַל כָּל־יֹשְׁבֵי הָאָרֶץ (Jer 1:14)

(8) וַיַּעַשׂ לָהֶם יְהוֹשֻׁעַ שָׁלוֹם וַיִּכְרֹת לָהֶם בְּרִית לְחַיּוֹתָם וַיִּשָּׁבְעוּ לָהֶם נְשִׂיאֵי הָעֵדָה (Josh 9:15)

(9) וַיֹּאמֶר־לוֹ אֱלֹהִים שִׁמְךָ יַעֲקֹב לֹא־יִקָּרֵא שִׁמְךָ עוֹד יַעֲקֹב כִּי אִם־יִשְׂרָאֵל יִהְיֶה שְׁמֶךָ וַיִּקְרָא אֶת־שְׁמוֹ יִשְׂרָאֵל (Gen 35:10)

(10) וַיֹּאמֶר פַּרְעֹה אֶל־עֲבָדָיו הֲנִמְצָא כָזֶה אִישׁ אֲשֶׁר רוּחַ אֱלֹהִים בּוֹ (Gen 41:38)

(11) וּכְבוֹד יְהוָה נִרְאָה בְּאֹהֶל מוֹעֵד אֶל־כָּל־בְּנֵי יִשְׂרָאֵל (Num 14:10)

(12) וְאַתָּה תִּנָּבֵא אֲלֵיהֶם אֵת כָּל־הַדְּבָרִים הָאֵלֶּה (Jer 25:30)

(13) כֹּה־אָמַר יְהוָה צְבָאוֹת אַל־תִּשְׁמְעוּ עַל־דִּבְרֵי הַנְּבִאִים הַנִּבְּאִים לָכֶם (Jer 23:16)

(14) וְאַתָּה בֶן־אָדָם הִנָּבֵא אֶל־הָרֵי יִשְׂרָאֵל וְאָמַרְתָּ הָרֵי יִשְׂרָאֵל שִׁמְעוּ דְּבַר־יְהוָה (Ezek 36:1)

(15) וְאֶל־הַכֹּהֲנִים וְאֶל־כָּל־הָעָם הַזֶּה דִּבַּרְתִּי[4] לֵאמֹר כֹּה אָמַר יְהוָה אַל־תִּשְׁמְעוּ אֶל־דִּבְרֵי
נְבִיאֵיכֶם הַנִּבְּאִים לָכֶם (Jer 27:16)

(16) וַתִּשָּׁחֵת הָאָרֶץ לִפְנֵי הָאֱלֹהִים וַתִּמָּלֵא הָאָרֶץ חָמָס (Gen 6:11)

(17) וְלָקַח אֶת־כָּל־הַזָּהָב־וְהַכֶּסֶף וְאֵת כָּל־הַכֵּלִים הַנִּמְצְאִים בֵּית־יְהוָה (2 Kgs 14:14)

(18) וַתֹּאמֶר שָׂרַי אֶל־אַבְרָם הִנֵּה־נָא עֲצָרַנִי[5] יְהוָה מִלֶּדֶת בֹּא־נָא אֶל־שִׁפְחָתִי אוּלַי אִבָּנֶה
מִמֶּנָּה וַיִּשְׁמַע אַבְרָם לְקוֹל שָׂרָי (Gen 16:2)

(19) וַיֹּאמֶר אֵלַי הִנָּבֵא עַל־הָעֲצָמוֹת הָאֵלֶּה וְאָמַרְתָּ אֲלֵיהֶם הָעֲצָמוֹת הַיְבֵשׁוֹת שִׁמְעוּ דְּבַר־יְהוָה
(Ezek 37:4)

---

4 דִּבַּרְתִּי "I spoke"

5 עֲצָרַנִי "(he) has prevented me"

(20) וְהָיָה אַחֲרֵי־כֵן אֶשְׁפּוֹךְ אֶת־רוּחִי עַל־כָּל־בָּשָׂר וְנִבְּאוּ בְּנֵיכֶם וּבְנוֹתֵיכֶם זִקְנֵיכֶם חֲלֹמוֹת
יַחֲלֹמוּן[6] בַּחוּרֵיכֶם חֶזְיֹנוֹת יִרְאוּ (Joel 3:1 [English 2:28])

(21) בֶּן־אָדָם שִׂים פָּנֶיךָ אֶל־בְּנֵי עַמּוֹן וְהִנָּבֵא עֲלֵיהֶם (Ezek 25:2)

(22) בֶּן־אָדָם שִׂים פָּנֶיךָ אֶל־צִידוֹן וְהִנָּבֵא עָלֶיהָ (Ezek 28:21)

(23) בֶּן־אָדָם שִׂים פָּנֶיךָ עַל־פַּרְעֹה מֶלֶךְ מִצְרָיִם וְהִנָּבֵא עָלָיו וְעַל־מִצְרַיִם כֻּלָּהּ (Ezek 29:2)

6 יַחֲלֹמוּ = יַחֲלֹמוּן

Exercise 25b

The Niphal Stem - Weak Verbs

Diagnostics. With a colored pen, circle only the diagnostics for the following Niphal weak verb forms. This exercise will focus on I-נ and I-י verbs.

	Perfect	*Imperfect*	*Imperative*	*Infinitive Construct*	*Infinitive Absolute*	*Participle*
I-נ	נִצַּל	יִנָּצֵל	הִנָּצֵל	הִנָּצֵל	הִנָּצֵל נִצּוֹל	נִצָּל
I-י	נוֹשַׁב	יִוָּשֵׁב	הִוָּשֵׁב	הִוָּשֵׁב		נוֹשָׁב

Parsing. Identify the verbal stem, conjugation, person, gender, number, and lexical form of the following verbs.

	Stem	*Conjugation*	*PGN*	*Lexical Form*
1. נֶעֱבַ֫רְנוּ				
2. נֶעֶבְרָה				
3. תֵּעָבֵר				
4. נֵעָבֵר				
5. הֵחָשֵׁב				
6. תֵּחָשַׁ֫בְנָה				
7. נוֹדַעְתֶּם				
8. תִּוָּדְעִי				
9. הִוָּדְעִי				

10. נִגַּעְתֶּם

11. נִפַּ֫לְנוּ

12. נַעֲשׂוֹת

13. תֵּעָנֶה

14. אֵעָנֶה

15. נֵעָנֶה

16. נוֹלַ֫דְתִּי

17. יִוָּֽלְדוּ

18. נוֹשֶׁ֫בֶת

19. נוֹשָׁבִים

20. הִוָּשַׁ֫בְנָה

Translation. The following sentences have either Qal or Niphal verbs.

(1) הָעִיר נֶעֶזְבָה

(2) הָעִיר תֵּעָזֵב

(3) עִזְבִי אֶת־הָעִיר

(4) הֶעָרִים הַנֶּעֱזָבוֹת תִּשָּׂ֫רַפְנָה

(5) אֶת־הָעִיר הַנֶּעֱזָבָה תִּשְׂרְפוּ

(6) שְׂרֹ֫פְנָה אֶת־הֶעָרִים הַנֶּעֱזָבוֹת

(7) מִצְוֹת אֱלֹהִים בְּכָל־הָאָ֫רֶץ תִּוָּדַ֫עְנָה

(8) אַנְשֵׁי הָעִיר הָרְשָׁעִים יֵהָרְגוּ

(9) הַיֶּ֫לֶד בְּעִיר קְטַנָּה נוֹלַד

(10) הַיַּלְדָּה בְּעִיר קְטַנָּה נוֹלְדָה

(11) הַיַּלְדָּה בְּעִיר קְטַנָּה תִּוָּלֵד

(12) עֵינַי אֶל־הֶהָרִים יִנָּשְׂאוּ

(13) אֶת־עֵינַי אֶל־הֶהָרִים אֶשָּׂא

(14) בַּמִּלְחָמָה נִצַּ֫לְנוּ מֵהָאֹיֵב

(15) בַּמִּלְחָמָה תִּנָּצְלוּ מֵהָאֹיֵב

(16) מְעַט לֶ֫חֶם נִתָּן

(17) נִתְּנוּ מְעַט לֶ֫חֶם

(18) מְעַט לֶ֫חֶם נִתַּ֫נּוּ

(19) מְעַט לֶ֫חֶם נֻתְּנוּ

(20) מְעַט לֶ֫חֶם נָתַ֫נּוּ

Bible Translation. With the use of a standard lexicon, translate the following biblical texts. Be prepared to parse all verbs.

אַבְרָהָם	Abraham	יַעֲקֹב	Jacob
אַבְשָׁלוֹם	Absalom	יֶפֶת	Japheth
אַהֲרֹן	Aaron	יִצְחָק	Isaac
אֵל שַׁדַּי	El Shaddai	יִשְׂרָאֵל	Israel
אַמְנוֹן	Amnon	כְּנַעַן	Canaan
בָּבֶל	Babylon	מֹשֶׁה	Moses
דָּוִד	David	נֹחַ	Noah
חֶבְרוֹן	Hebron	שְׁלֹמֹה	Solomon
חָם	Ham	שֵׁם	Shem
יֹאשִׁיָּהוּ	Josiah	תָּמָר	Tamar

(1)   כֹּה אָמַר יְהוָה הִנָּתֹן תִּנָּתֵן הָעִיר הַזֹּאת בְּיַד חֵיל מֶלֶךְ־בָּבֶל (Jer 38:3)

(2)   וְהִנֵּה יְהוָה נִצָּב עָלָיו וַיֹּאמַר אֲנִי יְהוָה אֱלֹהֵי אַבְרָהָם אָבִיךָ וֵאלֹהֵי יִצְחָק הָאָרֶץ אֲשֶׁר
אַתָּה שֹׁכֵב עָלֶיהָ לְךָ אֶתְּנֶנָּה[1] וּלְזַרְעֶךָ (Gen 28:13)

(3)   וָאֵרָא אֶל־אַבְרָהָם אֶל־יִצְחָק וְאֶל־יַעֲקֹב בְּאֵל שַׁדָּי[2] וּשְׁמִי יְהוָה לֹא נוֹדַעְתִּי לָהֶם (Ex 6:3)

(4)   וַיִּוָּלְדוּ לְדָוִד בָּנִים בְּחֶבְרוֹן וַיְהִי בְכוֹרוֹ אַמְנוֹן (2 Sam 3:2)

---

[1] אֶתְּנֶנָּה "I will give it"

[2] בְּאֵל שַׁדָּי "as El Shaddai"

(5)   וַיִּשָּׂא עֵינָיו וַיַּרְא וְהִנֵּה שְׁלֹשָׁה אֲנָשִׁים נִצָּבִים עָלָיו וַיַּרְא וַיָּרָץ לִקְרָאתָם מִפֶּתַח הָאֹהֶל
      וַיִּשְׁתַּחוּ³ אָרְצָה (Gen 18:2)

(6)   וְאֵלֶּה תּוֹלְדֹת בְּנֵי־נֹחַ שֵׁם חָם וָיָפֶת וַיִּוָּלְדוּ לָהֶם בָּנִים אַחַר הַמַּבּוּל (Gen 10:1)

(7)   וַיִּוָּלְדוּ לְאַבְשָׁלוֹם שְׁלוֹשָׁה בָנִים וּבַת אַחַת וּשְׁמָהּ תָּמָר הִיא הָיְתָה אִשָּׁה יְפַת מַרְאֶה
      (2 Sam 14:27)

(8)   וַיַּרְא חֹתֵן מֹשֶׁה אֵת כָּל־אֲשֶׁר־הוּא עֹשֶׂה לָעָם וַיֹּאמֶר מָה־הַדָּבָר הַזֶּה אֲשֶׁר אַתָּה עֹשֶׂה
      לָעָם מַדּוּעַ אַתָּה יוֹשֵׁב לְבַדֶּךָ וְכָל־הָעָם נִצָּב עָלֶיךָ מִן־בֹּקֶר עַד־עָרֶב (Ex 18:14)

(9)   לְעוֹלָם יְהוָה דְּבָרְךָ נִצָּב בַּשָּׁמָיִם (Ps 119:89)

(10) וּבְנֵי יִשְׂרָאֵל אָכְלוּ אֶת־הַמָּן אַרְבָּעִים שָׁנָה עַד־בֹּאָם אֶל־אֶרֶץ נוֹשָׁבֶת אֶת־הַמָּן אָכְלוּ
      עַד־בֹּאָם אֶל־קְצֵה אֶרֶץ כְּנָעַן (Ex 16:35)

---
³ וַיִּשְׁתַּחוּ "and he bowed himself"

(11) וַיִּקְרָא עַל־הַמִּזְבֵּחַ בִּדְבַר יְהוָה וַיֹּאמֶר מִזְבֵּחַ מִזְבֵּחַ כֹּה אָמַר יְהוָה הִנֵּה־בֵן נוֹלָד לְבֵית־דָּוִד
יֹאשִׁיָּהוּ שְׁמוֹ וְזָבַח עָלֶיךָ אֶת־כֹּהֲנֵי הַבָּמוֹת הַמַּקְטִרִים[4] עָלֶיךָ וְעַצְמוֹת אָדָם יִשְׂרְפוּ עָלֶיךָ
(1 Kgs 13:2)

(12) וַיֵּרָא אֵלָיו מַלְאַךְ יְהוָה וַיֹּאמֶר אֵלָיו יְהוָה עִמְּךָ גִּבּוֹר הֶחָיִל (Judg 6:12)

(13) וַיָּבֹא מֹשֶׁה וְאַהֲרֹן מִפְּנֵי הַקָּהָל אֶל־פֶּתַח אֹהֶל מוֹעֵד וַיִּפְּלוּ עַל־פְּנֵיהֶם וַיֵּרָא כְבוֹד־יְהוָה
אֲלֵיהֶם (Num 20:6)

(14) וַיֵּרָא יְהוָה אֶל־שְׁלֹמֹה בַּלָּיְלָה וַיֹּאמֶר לוֹ שָׁמַעְתִּי אֶת־תְּפִלָּתֶךָ וּבָחַרְתִּי בַּמָּקוֹם הַזֶּה לִי
לְבֵית זָבַח (2 Chr 7:12)

(15) שָׁמַעְתִּי אֵת אֲשֶׁר־אָמְרוּ הַנְּבִאִים הַנִּבְּאִים בִּשְׁמִי שֶׁקֶר לֵאמֹר חָלַמְתִּי חָלָמְתִּי (Jer 23:25)

(16) שְׂאוּ שְׁעָרִים רָאשֵׁיכֶם וְהִנָּשְׂאוּ פִּתְחֵי עוֹלָם וְיָבוֹא מֶלֶךְ הַכָּבוֹד (Ps 24:7)

---

[4] הַמַּקְטִרִים "who burn incense"

Exercise 26

The Piel Stem - Strong Verbs

Diagnostics. With a colored pen, give only the diagnostics for the following Piel strong verb forms.

Perfect	*Imperfect*	*Imperative*	*Infinitive Construct*	*Infinitive Absolute*	*Participle*
קטל	קטל	קטל	קטל	קטל	קטל

Parsing. Identify the verbal stem, conjugation, person, gender, number, and lexical form of the following verbs.

	Stem	*Conjugation*	*PGN*	*Lexical Form*
1. בִּקַּ֫שְׁתִּי				
2. תְּבַקְשִׁי				
3. בַּקְשׁוּ				
4. מְבַקֵּשׁ				
5. אֲדַבֵּר				
6. מְדַבְּרוֹת				
7. דִּבְּרוּ				
8. יְדַבְּרוּ				
9. תְּסַפֵּ֫רְנָה				
10. סַפֵּר				
11. סִפַּרְתְּ				
12. מְסַפְּרָה				

13. מְסַפֶּ֫רֶת

14. מְגַדְּלִים

15. גַּדֵּל

16. נְגַדֵּל

17. גִּדַּ֫לְנוּ

18. לַמֵּ֫דְנָה

19. לִמֵּד

20. לַמֵּד

More Diagnostics. With a colored pen, mark only the stem diagnostics for each of the following forms. Some have been taken from the parsing exercise above.

1. מְבַקֵּשׁ

2. מְדַבְּרוֹת

3. מְסַפְּרָה

4. מְסַפֶּ֫רֶת

5. מְגַדְּלִים

6. יְדַבְּרוּ

7. לַמֵּד

8. לִמֵּד

9. סִפַּ֫רְתְּ

10. גִּדַּ֫לְנוּ

Translation. Translate the following Hebrew sentences with Qal, Niphal, or Piel verbs.

(1) בַּקֵּשׁ תְּפִלָּה

(2) בַּקְּשׁוּ תְּפִלָּה

(3) אֶת־חַסְדּוֹ אֲבַקֵּשׁ

(4) הַנַּ֫עַר מְבַקֵּשׁ אֶת־צֹאן אָבִיו

(5) הַנָּשִׁים תְּבַקֵּ֫שְׁנָה אֶת־בַּת פַּרְעֹה

(6) הַמְּלָכִים דִּבְּרוּ אֲלֵיהֶם כַּדְּבָרִים הָאֵ֫לֶּה

(7) וַיְדַבֵּר הַמֶּ֫לֶךְ אֲלֵיהֶם כַּדְּבָרִים הָאֵ֫לֶּה

(8) דַּבְּרוּ אֶל־הָעֲבָדִים

(9) הַמְּלָכִים דִּבְּרוּ אֶל־הָעֲבָדִים

(10) וַיְסַפֵּר אֶת־הַחֲלוֹם אֶל־אֶחָיו

(11) מַה־תְּבַקֵּשׁ

(12) אַנְשֵׁי הָעִיר שָׁבְרוּ אֶת־לוּחַ הָאֶ֫בֶן

(13) אַנְשֵׁי הָעִיר שִׁבְּרוּ אֶת־לוּחוֹת הַתּוֹרָה

(14) תּוֹרוֹת הַמֶּ֫לֶךְ הַגָּדוֹל תִּשָּׁמַ֫רְנָה

(15) שְׁמֹ֫רְנָה אֶת־תּוֹרַת הַמֶּ֫לֶךְ הַיָּשָׁר

Bible Translation. With the use of a standard lexicon, translate the following biblical texts.

אַהֲרֹן	Aaron	יוֹסֵף	Joseph
דָּוִד	David	מִישָׁאֵל	Mishael
דָּנִיֵּאל	Daniel	מֹשֶׁה	Moses
הַלֵּוִי	the Levite	עֲזַרְיָה	Azariah
חֲנַנְיָה	Hananiah	פַּרְעֹה	Pharaoh

(1) 6 וַיֹּאמֶר¹ אֲלֵיהֶם שִׁמְעוּ־נָא הַחֲלוֹם הַזֶּה אֲשֶׁר חָלָמְתִּי 7 וְהִנֵּה אֲנַחְנוּ מְאַלְּמִים אֲלֻמִּים

בְּתוֹךְ הַשָּׂדֶה וְהִנֵּה קָמָה אֲלֻמָּתִי וְגַם־נִצָּבָה וְהִנֵּה תְסֻבֶּינָה אֲלֻמֹּתֵיכֶם וַתִּשְׁתַּחֲוֶיןָ² לַאֲלֻמָּתִי

8 וַיֹּאמְרוּ לוֹ אֶחָיו הֲמָלֹךְ תִּמְלֹךְ עָלֵינוּ אִם־מָשׁוֹל תִּמְשֹׁל בָּנוּ וַיּוֹסִפוּ³ עוֹד שְׂנֹא אֹתוֹ

עַל־חֲלֹמֹתָיו וְעַל־דְּבָרָיו 9 וַיַּחֲלֹם עוֹד חֲלוֹם אַחֵר וַיְסַפֵּר אֹתוֹ לְאֶחָיו וַיֹּאמֶר הִנֵּה חָלַמְתִּי

חֲלוֹם עוֹד וְהִנֵּה הַשֶּׁמֶשׁ וְהַיָּרֵחַ וְאַחַד עָשָׂר כּוֹכָבִים מִשְׁתַּחֲוִים⁴ לִי 10 וַיְסַפֵּר אֶל־אָבִיו

וְאֶל־אֶחָיו וַיִּגְעַר־בּוֹ אָבִיו וַיֹּאמֶר לוֹ מָה הַחֲלוֹם הַזֶּה אֲשֶׁר חָלָמְתָּ הֲבוֹא נָבוֹא אֲנִי וְאִמְּךָ

וְאַחֶיךָ לְהִשְׁתַּחֲוֹת⁵ לְךָ אָרְצָה (Gen 37:6-10)

---

¹ This is the story of Joseph's two dreams and his brothers' hatred (Gen 37). Joseph (יוֹסֵף) is the subject of the first verb in verse 6.

² וַתִּשְׁתַּחֲוֶיןָ "and they bowed down" (see 35.14)

³ וַיּוֹסִפוּ עוֹד שְׂנֹא אֹתוֹ "and they hated him all the more"

⁴ מִשְׁתַּחֲוִים "were bowing down"

⁵ לְהִשְׁתַּחֲוֹת "to bow down"

(2) וַיְדַבֵּר מֹשֶׁה לִפְנֵי יְהוָה לֵאמֹר הֵן בְּנֵי־יִשְׂרָאֵל לֹא־שָׁמְעוּ אֵלַי וְאֵיךְ[6] יִשְׁמָעֵנִי פַרְעֹה וַאֲנִי עֲרַל שְׂפָתָיִם[7] (Ex 6:12)

(3) וַיִּכְרֹת כָּל־הַקָּהָל בְּרִית בְּבֵית הָאֱלֹהִים עִם־הַמֶּלֶךְ וַיֹּאמֶר לָהֶם הִנֵּה בֶן־הַמֶּלֶךְ יִמְלֹךְ כַּאֲשֶׁר דִּבֶּר יְהוָה עַל־בְּנֵי דָוִיד (2 Chr 23:3)

(4) וַיִּקַּח סֵפֶר הַבְּרִית וַיִּקְרָא בְּאָזְנֵי הָעָם וַיֹּאמְרוּ כֹּל אֲשֶׁר־דִּבֶּר יְהוָה נַעֲשֶׂה וְנִשְׁמָע (Ex 24:7)

(5) וַיִּחַר־אַף יְהוָה בְּמֹשֶׁה וַיֹּאמֶר הֲלֹא אַהֲרֹן אָחִיךָ הַלֵּוִי יָדַעְתִּי כִּי־דַבֵּר יְדַבֵּר הוּא וְגַם הִנֵּה־הוּא יֹצֵא לִקְרָאתֶךָ (Ex 4:14)

(6) וַיְחַזֵּק יְהוָה אֶת־לֵב פַּרְעֹה וְלֹא שָׁמַע אֲלֵהֶם כַּאֲשֶׁר דִּבֶּר יְהוָה אֶל־מֹשֶׁה (Ex 9:12)

(7) וַיְדַבֵּר אִתָּם הַמֶּלֶךְ וְלֹא נִמְצָא מִכֻּלָּם[8] כְּדָנִיֵּאל חֲנַנְיָה מִישָׁאֵל וַעֲזַרְיָה וַיַּעַמְדוּ לִפְנֵי הַמֶּלֶךְ (Dan 1:19)

---

[6] וְאֵיךְ יִשְׁמָעֵנִי "how will he listen to me"

[7] עֲרַל שְׂפָתָיִם "uncircumcised of lips"

[8] מִכֻּלָּם "among all of them"

(8)   וַיְהִי כְּדַבְּרָהּ אֶל־יוֹסֵף יוֹם יוֹם וְלֹא־שָׁמַע אֵלֶיהָ לִשְׁכַּב אֶצְלָהּ לִהְיוֹת עִמָּהּ (Gen 39:10)

(9)   וַיְהִי כְּדַבֵּר אַהֲרֹן אֶל־כָּל־עֲדַת בְּנֵי־יִשְׂרָאֵל וַיִּפְנוּ אֶל־הַמִּדְבָּר וְהִנֵּה כְּבוֹד יְהוָה נִרְאָה
        בֶּעָנָן (Ex 16:10)

(10) וּמֹשֶׁה יִקַּח⁹ אֶת־הָאֹהֶל וְנָטָה־לוֹ מִחוּץ לַמַּחֲנֶה הַרְחֵק מִן־הַמַּחֲנֶה וְקָרָא לוֹ אֹהֶל מוֹעֵד
        וְהָיָה כָּל־מְבַקֵּשׁ יְהוָה יֵצֵא אֶל־אֹהֶל מוֹעֵד אֲשֶׁר מִחוּץ לַמַּחֲנֶה (Ex 33:7)

(11) וְאַתָּה דַּבֵּר אֶל־בְּנֵי יִשְׂרָאֵל לֵאמֹר אַךְ אֶת־שַׁבְּתֹתַי תִּשְׁמֹרוּ כִּי אוֹת הִוא¹⁰ בֵּינִי וּבֵינֵיכֶם
        לְדֹרֹתֵיכֶם לָדַעַת כִּי אֲנִי יְהוָה מְקַדִּשְׁכֶם (Ex 31:13)

(12) 7 וַיִּקַּח סֵפֶר הַבְּרִית וַיִּקְרָא בְּאָזְנֵי הָעָם וַיֹּאמְרוּ כֹּל אֲשֶׁר־דִּבֶּר יְהוָה נַעֲשֶׂה וְנִשְׁמָע
        8 וַיִּקַּח מֹשֶׁה אֶת־הַדָּם וַיִּזְרֹק עַל־הָעָם וַיֹּאמֶר הִנֵּה דַם־הַבְּרִית אֲשֶׁר כָּרַת יְהוָה עִמָּכֶם עַל
        כָּל־הַדְּבָרִים הָאֵלֶּה (Ex 24:7-8)

(13) וַיָּבֹא מֹשֶׁה וַיְסַפֵּר לָעָם אֵת כָּל־דִּבְרֵי יְהוָה וְאֵת כָּל־הַמִּשְׁפָּטִים וַיַּעַן¹¹ כָּל־הָעָם קוֹל אֶחָד
        וַיֹּאמְרוּ כָּל־הַדְּבָרִים אֲשֶׁר־דִּבֶּר יְהוָה נַעֲשֶׂה (Ex 24:3)

---

⁹ יִקַּח "(he) used to take"

¹⁰ הִוא = הִיא

¹¹ וַיַּעַן Qal Imperfect 3ms עָנָה with Waw Consecutive

Exercise 27a

The Piel Stem - Weak Verbs

Diagnostics. With a colored pen, give only the diagnostics for the following Piel III-א and III-ה verbal forms.

	Perfect	*Imperfect*	*Imperative*	*Infinitive Construct*	*Infinitive Absolute*	*Participle*
III-א	מצא	מצא	מצא	מצא	מצא	מצא
III-ה	גלָה	גלֶה	גלֵה	גלוֹת	גלֵה	גלֶה

Parsing. Parse the following Qal, Niphal, and Piel III-א and III-ה forms.

	Stem	*Conjugation*	*PGN*	*Lexical Form*	*Prefix/Suffix*
1. מִלֵּ֫אתִי					
2. מִלְּאָה					
3. אֲמַלֵּא					
4. מַלֵּא					
5. מְמַלֵּא					
6. מְמַלְּאוֹת					
7. תִּמָּצֶ֫אנָה					
8. הִמָּצֶ֫אנָה					
9. תְּכַלֶּה					

10. כִּלּוּ

11. כַּלּוּ

12. כַּלּוֹת

13. מְכַלּוֹת

14. כִּלִּיתֶם

15. כִּסִּ֫ינוּ

16. כִּסּוּ

17. מְכַסִּים

18. יְכַסֶּה

19. וַיְכַס

20. צִוָּה

21. צִוְּתָה

22. יְצַוֶּה

23. וַיְצַו

24. מְצַוֶּה

25. מֻצְאוּ

Bible Translation. With the use of a standard lexicon, translate the following biblical texts.

אָדָם	Adam	יִצְחָק	Isaac
יַעֲקֹב	Jacob	כְּנָעַן	Canaan

(1) וְשָׁמַרְתָּ[1] אֶת־חֻקָּיו וְאֶת־מִצְוֹתָיו אֲשֶׁר אָנֹכִי מְצַוְּךָ[2] הַיּוֹם (Deut 4:40)

(2) וּשְׁמַרְתֶּם[3] לַעֲשׂוֹת כַּאֲשֶׁר צִוָּה יְהוָה אֱלֹהֵיכֶם אֶתְכֶם לֹא תָסֻרוּ יָמִין וּשְׂמֹאל (Deut 5:32)

(3) וּלְאָדָם אָמַר כִּי־שָׁמַעְתָּ לְקוֹל אִשְׁתֶּךָ וַתֹּאכַל מִן־הָעֵץ אֲשֶׁר צִוִּיתִיךָ[4] לֵאמֹר לֹא תֹאכַל מִמֶּנּוּ אֲרוּרָה הָאֲדָמָה בַּעֲבוּרֶךָ (Gen 3:17)

(4) וַיִּקְרָא יִצְחָק אֶל־יַעֲקֹב וַיְבָרֶךְ אֹתוֹ וַיְצַוֵּהוּ[5] וַיֹּאמֶר לוֹ לֹא־תִקַּח אִשָּׁה מִבְּנוֹת כְּנָעַן (Gen 28:1)

(5) וְאַתָּה תָשׁוּב וְשָׁמַעְתָּ בְּקוֹל יְהוָה וְעָשִׂיתָ אֶת־כָּל־מִצְוֹתָיו אֲשֶׁר אָנֹכִי מְצַוְּךָ[6] הַיּוֹם (Deut 30:8)

---

1 וְשָׁמַרְתָּ Perfect with Waw Consecutive

2 מְצַוְּךָ Note the 2ms pronominal suffix.

3 וּשְׁמַרְתֶּם Perfect with Waw Consecutive

4 צִוִּיתִיךָ Note the 2ms pronominal suffix.

5 וַיְצַוֵּהוּ Note the 3ms pronominal suffix.

6 מְצַוְּךָ Note the 2ms pronominal suffix.

(6) שְׁמֹר וְשָׁמַעְתָּ אֵת כָּל־הַדְּבָרִים הָאֵלֶּה אֲשֶׁר אָנֹכִי מְצַוֶּךָּ לְמַעַן יִיטַב לְךָ וּלְבָנֶיךָ אַחֲרֶיךָ
עַד־עוֹלָם כִּי תַעֲשֶׂה הַטּוֹב וְהַיָּשָׁר בְּעֵינֵי יְהוָה אֱלֹהֶיךָ (Deut 12:28)

(7) כָּל־הַמִּצְוָה אֲשֶׁר אָנֹכִי מְצַוְּךָ הַיּוֹם תִּשְׁמְרוּן[7] לַעֲשׂוֹת לְמַעַן תִּחְיוּן[8] וּרְבִיתֶם וּבָאתֶם
וִירִשְׁתֶּם אֶת־הָאָרֶץ אֲשֶׁר־נִשְׁבַּע יְהוָה לַאֲבֹתֵיכֶם (Deut 8:1)

(8) וַיֹּאמֶר מֹשֶׁה זֶה הַדָּבָר אֲשֶׁר־צִוָּה יְהוָה תַּעֲשׂוּ וְיֵרָא אֲלֵיכֶם כְּבוֹד יְהוָה (Lev 9:6)

(9) 22 כִּי אִם־שָׁמֹר תִּשְׁמְרוּן אֶת־כָּל־הַמִּצְוָה הַזֹּאת אֲשֶׁר אָנֹכִי מְצַוֶּה אֶתְכֶם לַעֲשֹׂתָהּ
לְאַהֲבָה אֶת־יְהוָה אֱלֹהֵיכֶם לָלֶכֶת בְּכָל־דְּרָכָיו וּלְדָבְקָה־בוֹ[9] 23 וְהוֹרִישׁ[10] יְהוָה
אֶת־כָּל־הַגּוֹיִם הָאֵלֶּה מִלִּפְנֵיכֶם וִירִשְׁתֶּם גּוֹיִם גְּדֹלִים וַעֲצֻמִים מִכֶּם (Deut 11:22-23)

---

[7] תִּשְׁמְרוּ = תִּשְׁמְרוּן

[8] תִּחְיוּ = תִּחְיוּן

[9] וּלְדָבְקָה־בוֹ "and to cleave to him"

[10] וְהוֹרִישׁ "and (he) will drive out"

Exercise 27b

The Piel Stem - Weak Verbs

Diagnostics. With a colored pen, give only the diagnostics for the following Piel II-Guttural verb forms.

	Perfect	*Imperfect*	*Imperative*	*Infinitive Construct*	*Infinitive Absolute*	*Participle*
II-Gutt[1]	נחם	נחם	נחם	נחם	נחם	נחם
II-Gutt[2]	ברך	ברך	ברך	ברך	ברך	ברך

Parsing. Parse the following Qal, Niphal, and Piel II-Guttural verbs.

	Stem	*Conjugation*	*PGN*	*Lexical Form*
1. בִּעַרְתֶּם				
2. בִּעַרְתֶּן				
3. בֹּעֲרוֹת				
4. מְבַעֲרִים				
5. בִּעֲרוּ				
6. בָּעֲרוּ				
7. יְבַעֲרוּ				
8. יְנַחֵם				
9. יִנָּחֵם				

---

[1] virtual doubling
[2] compensatory lengthening

10. נִחַ֫מְתָּ

11. מְנַחֲמִים

12. אֲנַחֵם

13. בָּרוּךְ

14. בְּרוּכִים

15. בֵּרַ֫כְתִּי

16. תְּבָרֲכוּ

17. מְשָׁרְתִים

18. שָׁרֵת

19. שֵׁרְתוּ

20. יְשָׁרְתוּ

21. גֹּרֵשׁ

22. יְגָרֵשׁ

23. גָּרֵשׁ

24. גֵּרַ֫שְׁתִּי

25. נִגְרַ֫שְׁתִּי

Bible Translation. With the use of a standard lexicon, translate the following biblical texts. Be prepared to parse all verbs.

אַבְרָהָם	Abraham	נֹחַ	Noah
אַהֲרֹן	Aaron	פַּרְעֹה	Pharaoh
בַּת־שֶׁבַע	Bathsheba	שְׁלֹמֹה	Solomon
דָּוִד	David	שְׁמוּאֵל	Samuel
יַעֲקֹב	Jacob	שְׁאֹלָה	to Sheol
לוֹט	Lot		

(1) לֹא־תְבַעֲרוּ אֵשׁ בְּכֹל מֹשְׁבֹתֵיכֶם[3] בְּיוֹם הַשַּׁבָּת (Ex 35:3)

(2) וַיֹּאמֶר יְהוָה אֶל־מֹשֶׁה עַד־אָנָה[4] מֵאַנְתֶּם לִשְׁמֹר מִצְוֹתַי וְתוֹרֹתָי (Ex 16:28)

(3) לֹא שָׁמְרוּ בְּרִית אֱלֹהִים וּבְתוֹרָתוֹ מֵאֲנוּ לָלֶכֶת (Ps 78:10)

(4) וַיְבָרֶךְ אֹתָם אֱלֹהִים לֵאמֹר פְּרוּ וּרְבוּ וּמִלְאוּ אֶת־הַמַּיִם בַּיַּמִּים (Gen 1:22)

(5) וַיְבָרֶךְ אֱלֹהִים אֶת־נֹחַ וְאֶת־בָּנָיו וַיֹּאמֶר לָהֶם פְּרוּ וּרְבוּ וּמִלְאוּ אֶת־הָאָרֶץ (Gen 9:1)

---

[3] מֹשְׁבֹתֵיכֶם "your habitations"

[4] עַד־אָנָה "how long"

(6)   23 דַּבֵּר אֶל־אַהֲרֹן וְאֶל־בָּנָיו לֵאמֹר כֹּה תְבָרֲכוּ אֶת־בְּנֵי יִשְׂרָאֵל אָמוֹר לָהֶם 24 יְבָרֶכְךָ[5]
      יְהוָה וְיִשְׁמְרֶךָ (Num 6:23-24)

(7)   וְאָכַלְתָּ[6] וְשָׂבָעְתָּ וּבֵרַכְתָּ אֶת־יְהוָה אֱלֹהֶיךָ עַל־הָאָרֶץ הַטֹּבָה אֲשֶׁר נָתַן־לָךְ (Deut 8:10)

(8)   וְזֹאת הַבְּרָכָה אֲשֶׁר בֵּרַךְ מֹשֶׁה אִישׁ הָאֱלֹהִים אֶת־בְּנֵי יִשְׂרָאֵל לִפְנֵי מוֹתוֹ (Deut 33:1)

(9)   וַיְנַחֵם דָּוִד אֵת בַּת־שֶׁבַע אִשְׁתּוֹ וַיָּבֹא אֵלֶיהָ וַיִּשְׁכַּב עִמָּהּ וַתֵּלֶד בֵּן וַיִּקְרָא אֶת־שְׁמוֹ שְׁלֹמֹה
      וַיהוָה אֲהֵבוֹ[7] (2 Sam 12:24)

(10) וַיֹּאמֶר פַּרְעֹה מִי יְהוָה אֲשֶׁר אֶשְׁמַע בְּקֹלוֹ לְשַׁלַּח אֶת־יִשְׂרָאֵל לֹא יָדַעְתִּי אֶת־יְהוָה וְגַם
      אֶת־יִשְׂרָאֵל לֹא אֲשַׁלֵּחַ (Ex 5:2)

(11) וַיְמָאֵן וַיֹּאמֶר אֶל־אֵשֶׁת אֲדֹנָיו הֵן אֲדֹנִי לֹא־יָדַע אִתִּי מַה־בַּבָּיִת וְכֹל אֲשֶׁר־יֶשׁ־לוֹ נָתַן בְּיָדִי
      (Gen 39:8)

---

[5] יְבָרֶכְךָ Note the 2ms pronominal suffix.
[6] וְאָכַלְתָּ Perfect with Waw Consecutive
[7] אֲהֵבוֹ "(he) loved him"

(12) וְזָכַרְתִּי[8] אֶת־בְּרִיתִי אֲשֶׁר בֵּינִי וּבֵינֵיכֶם וּבֵין כָּל־נֶפֶשׁ חַיָּה בְּכָל־בָּשָׂר וְלֹא־יִהְיֶה עוֹד הַמַּיִם לְמַבּוּל לְשַׁחֵת כָּל־בָּשָׂר (Gen 9:15)

(13) וַיָּבֹא מֹשֶׁה וְאַהֲרֹן אֶל־אֹהֶל מוֹעֵד וַיֵּצְאוּ וַיְבָרְכוּ אֶת־הָעָם וַיֵּרָא[9] כְבוֹד־יְהוָה אֶל־כָּל־הָעָם (Lev 9:23)

(14) וַיְהִי בְּשַׁחֵת אֱלֹהִים אֶת־עָרֵי הַכִּכָּר וַיִּזְכֹּר אֱלֹהִים אֶת־אַבְרָהָם וַיְשַׁלַּח אֶת־לוֹט מִתּוֹךְ הַהֲפֵכָה (Gen 19:29)

(15) וַיְבָרֶךְ אֱלֹהִים אֶת־יוֹם הַשְּׁבִיעִי וַיְקַדֵּשׁ אֹתוֹ כִּי בוֹ שָׁבַת מִכָּל מְלַאכְתּוֹ אֲשֶׁר־בָּרָא אֱלֹהִים לַעֲשׂוֹת (Gen 2:3)

(16) וַיְמָאֲנוּ הָעָם לִשְׁמֹעַ בְּקוֹל שְׁמוּאֵל וַיֹּאמְרוּ לֹּא[10] כִּי אִם־מֶלֶךְ יִהְיֶה עָלֵינוּ (1 Sam 8:19)

(17) וַיָּקֻמוּ כָל־בָּנָיו וְכָל־בְּנֹתָיו לְנַחֲמוֹ וַיְמָאֵן לְהִתְנַחֵם[11] וַיֹּאמֶר כִּי־אֵרֵד אֶל־בְּנִי אָבֵל[12] שְׁאֹלָה וַיֵּבְךְּ אֹתוֹ אָבִיו (Gen 37:35)

---

[8] וְזָכַרְתִּי Perfect with Waw Consecutive

[9] וַיֵּרָא "and (it) appeared"

[10] Note the conjunctive Daghesh in the ל.

[11] לְהִתְנַחֵם "to be comforted"

[12] אָבֵל "mourning"

Exercise 28

The Pual Stem - Strong Verbs

Diagnostics. With a colored pen, give only the diagnostics for the following Piel and Pual strong verb forms.

	Perfect	*Imperfect*	*Participle*
Piel	קטל	קטל	קטל
Pual	קטל	קטל	קטל

Parsing. Parse the following Piel and Pual strong verbs.

	Stem	*Conjugation*	*PGN*	*Lexical Form*
1. תְּבַקְּשִׁי				
2. תְּבֻקְּשִׁי				
3. מְדֻבָּר				
4. מְדַבֵּר				
5. יְסֻפַּר				
6. יְסַפֵּר				
7. סִפֵּר				
8. סֻפַּר				
9. יְגֻדְּלוּ				
10. יְגַדְּלוּ				
11. גֻּדְּלוּ				

12. גֻּדְּלוּ

13. מְקֻטָּלָה

14. קֻטְּלָה

15. תְּקֻטַּלְנָה

More Diagnostics. With a colored pen, mark only the stem diagnostics for each of the following forms.

1. מְדֻבָּר
2. מְדַבֵּר
3. יְסֻפַּר
4. יְסַפֵּר
5. סִפֵּר
6. סֻפַּר
7. מְקֻטָּלָה

Translation. Translate the following sentences with Piel or Pual verbs.

(1) אֶת־הַחֲלוֹם סִפֵּר אֶל־אָבִיו וְאֶל־אִמּוֹ

(2) הַחֲלוֹם סֻפַּר אֶל־אָבִיו וְאֶל־אִמּוֹ

(3) אֶת־הַחֲלוֹם יְסַפֵּר אֶל־אָבִ֫יהוּ וְאֶל־אֶחָיו

(4) הַחֲלוֹם יְסֻפַּר אֶל־אָבִ֫יהוּ וְאֶל־אֶחָיו

(5) אֶת־צִדְקוֹ וְאֶת־חַסְדּוֹ אֲבַקֵּשׁ

(6) צִדְקוֹ וְחַסְדּוֹ יְבֻקְּשׁוּ

(7) בַּקְּשׁוּ אֶת־צִדְקוֹ וְאֶת־חַסְדּוֹ

(8) הַנָּבִיא דִּבֵּר אֶת־דִּבְרֵי הַמֶּ֫לֶךְ

(9) דְּבַר הַמֶּ֫לֶךְ יְדֻבַּר

Bible Translation. With the use of a standard lexicon, translate the following biblical texts. Be prepared to parse all verbs.

אַבְרָהָם	Abraham	יִשְׂרָאֵל	Israel
אַהֲרֹן	Aaron	עִבְרִים	Hebrews
בְּנֵי־חֵת	Hittites	עֻזִּיָּהוּ	Uzziah
דָּנִיֵּאל	Daniel	שֹׁמְרוֹן	Samaria
יְהוּדָה	Judah	שָׂרָה	Sarah
יְהוֹשָׁפָט	Jehoshaphat		

(1) וּמֶ֫לֶךְ יִשְׂרָאֵל וִיהוֹשָׁפָט מֶ֫לֶךְ־יְהוּדָה יוֹשְׁבִים אִישׁ עַל־כִּסְאוֹ מְלֻבָּשִׁים בְּגָדִים וְיֹשְׁבִים
בְּגֹרֶן פֶּתַח שַׁעַר שֹׁמְרוֹן וְכָל־הַנְּבִיאִים מִתְנַבְּאִים[1] לִפְנֵיהֶם (2 Chr. 18:9)

(2) כִּי־גֻנֹּב גֻּנַּבְתִּי מֵאֶרֶץ הָעִבְרִים וְגַם־פֹּה לֹא־עָשִׂיתִי מְאוּמָה כִּי־שָׂמוּ אֹתִי בַּבּוֹר
(Gen 40:15)

[1] מִתְנַבְּאִים "were prophesying"

(3) וַיַּעַמְדוּ עַל־עֻזִּיָּהוּ הַמֶּלֶךְ וַיֹּאמְרוּ לוֹ לֹא־לְךָ עֻזִּיָּהוּ לְהַקְטִיר[2] לַיהוָה כִּי לַכֹּהֲנִים בְּנֵי־אַהֲרֹן
הַמְקֻדָּשִׁים לְהַקְטִיר צֵא[3] מִן־הַמִּקְדָּשׁ (2 Chr 26:18)

(4) וַיֹּאמֶר אֵלָיו קְחָה לִי עֶגְלָה מְשֻׁלֶּשֶׁת[4] וְעֵז מְשֻׁלֶּשֶׁת וְאַיִל מְשֻׁלָּשׁ וְתֹר וְגוֹזָל (Gen 15:9)

(5) וַיֵּרָא מַלְאַךְ יְהוָה אֵלָיו בְּלַבַּת־אֵשׁ מִתּוֹךְ הַסְּנֶה וַיַּרְא וְהִנֵּה הַסְּנֶה בֹּעֵר בָּאֵשׁ וְהַסְּנֶה
אֵינֶנּוּ אֻכָּל[5] (Ex 3:2)

(6) הַשָּׂדֶה אֲשֶׁר־קָנָה אַבְרָהָם מֵאֵת בְּנֵי־חֵת שָׁמָּה קֻבַּר אַבְרָהָם וְשָׂרָה אִשְׁתּוֹ (Gen 25:10)

(7) וַיֹּאמֶר אֵלַי דָּנִיֵּאל אִישׁ־חֲמֻדוֹת[6] הָבֵן[7] בַּדְּבָרִים אֲשֶׁר אָנֹכִי דֹּבֵר אֵלֶיךָ וַעֲמֹד עַל־עָמְדֶךָ
כִּי עַתָּה שֻׁלַּחְתִּי אֵלֶיךָ (Dan 10:11)

---

[2] לְהַקְטִיר "to burn sacrifices (incense)"

[3] צֵא "go out"

[4] The Pual of שָׁלַשׁ is being used in the sense of "to be three years old."

[5] מְאֻכָּל = אֻכָּל

[6] אִישׁ־חֲמֻדוֹת "a man beloved"

[7] הָבֵן "give careful attention to"

Exercise 29a

The Pual Stem - Weak Verbs

Diagnostics. With a colored pen, give the diagnostics for the following Piel and Pual III-א and III-ה verbs.

	Perfect	*Imperfect*	*Participle*
Piel III-א	מצא	מצא	מצא
Pual III-א	מצא	מצא	מצא
Piel III-ה	גלָה[1]	גלֶה	גלֶה
Pual III-ה	גלָה[2]	גלֶה	גלֶה

Parsing. Parse the following Piel and Pual III-א and III-ה forms.

	Stem	*Conjugation*	*PGN*	*Lexical Form*	*Prefix/Suffix*
1. מִלֵּאתִי					
2. מִלֵּאתֶם					
3. מֻלֵּאתִי					
4. מֻלֵּאתֶם					
5. אֲמֻלָּא					
6. אֲמַלֵּא					
7. מְמֻלָּאִים					

---

[1] In the Piel Perfect of III-ה verbs, the Hireq Yod stem vowel appears in most forms.

[2] In the Pual Perfect of III-ה verbs, the Tsere Yod stem vowel appears in most forms.

8. מְמַלְּאִים
9. תְּמַלְּאוּ
10. תְּמֻלְּאוּ
11. כִּסִּ֫יתָ
12. כֻּסֵּ֫יתָ
13. כִּסּוּ
14. כֻּסּוּ
15. תְּכַסֶּ֫ינָה
16. תְּכַסִּי
17. תְּכֻסֶּ֫ינָה
18. תְּכֻסִּי
19. מְכֻסֶּה
20. מְכֻסָּה
21. צֻוֵּ֫יתִי
22. צִוִּ֫יתִי
23. יְצֻוֶּה
24. יְצַוֶּה
25. וַיְצַו

Bible Translation. With the use of a standard lexicon, translate the following biblical texts.

דָּוִיד	David	עוֹבֵד	Obed
יְרוּשָׁלַםִ	Jerusalem	יִשַׁי	Jesse
נָעֳמִי	Naomi		

(1) וַיְכֻלּוּ הַשָּׁמַיִם וְהָאָרֶץ וְכָל־צְבָאָם (Gen 2:1)

(2) וְהַמַּיִם גָּבְרוּ מְאֹד מְאֹד עַל־הָאָרֶץ וַיְכֻסּוּ כָּל־הֶהָרִים הַגְּבֹהִים אֲשֶׁר־תַּחַת כָּל־הַשָּׁמָיִם (Gen 7:19)

(3) וַיִּשָּׂא דָוִיד אֶת־עֵינָיו וַיַּרְא אֶת־מַלְאַךְ יְהוָה עֹמֵד בֵּין הָאָרֶץ וּבֵין הַשָּׁמַיִם וְחַרְבּוֹ שְׁלוּפָה בְּיָדוֹ נְטוּיָה עַל־יְרוּשָׁלָםִ וַיִּפֹּל דָּוִיד וְהַזְּקֵנִים מְכֻסִּים בַּשַּׂקִּים עַל־פְּנֵיהֶם (1 Chr 21:16)

(4) וְאַתָּה צֻוֵּיתָה[3] זֹאת עֲשׂוּ קְחוּ־לָכֶם מֵאֶרֶץ מִצְרַיִם עֲגָלוֹת לְטַפְּכֶם וְלִנְשֵׁיכֶם וּנְשָׂאתֶם אֶת־אֲבִיכֶם וּבָאתֶם (Gen 45:19)

(5) וָאֲדַבֵּר אֶל־הָעָם בַּבֹּקֶר וַתָּמָת אִשְׁתִּי בָּעָרֶב וָאַעַשׂ[4] בַּבֹּקֶר כַּאֲשֶׁר צֻוֵּיתִי (Ezek 24:18)

---

[3] צֻוֵּיתָ = צֻוֵּיתָה

[4] וָאַעַשׂ Qal Imperfect 1cs עָשָׂה with Waw Consecutive

(6)   וּפֶתַח אֹהֶל מוֹעֵד תֵּשְׁבוּ יוֹמָם וָלַיְלָה שִׁבְעַת יָמִים וּשְׁמַרְתֶּם אֶת־מִשְׁמֶרֶת יְהוָה וְלֹא
תָמוּתוּ כִּי־כֵן צֻוֵּיתִי (Lev 8:35)

(7)   וַתִּקְרֶאנָה לוֹ הַשְּׁכֵנוֹת⁵ שֵׁם לֵאמֹר יֻלַּד־בֵּן לְנָעֳמִי וַתִּקְרֶאנָה שְׁמוֹ עוֹבֵד הוּא אֲבִי־יִשַׁי
אֲבִי דָוִד (Ruth 4:17)

---

⁵ הַשְּׁכֵנוֹת "the women living there"

Exercise 29b

The Pual Stem - Weak Verbs

Diagnostics. With a colored pen, give the diagnostics for the following Piel and Pual II-Guttural verbs.

	Perfect	*Imperfect*	*Participle*
Piel[1]	נחם	נחם	נחם
Pual	נחם	נחם	נחם
Piel[2]	ברך	ברך	ברך
Pual	ברך	ברך	ברך

Parsing. Parse the following Qal, Niphal, Piel, and Pual II-Guttural verbs.

	Stem	*Conjugation*	*PGN*	*Lexical Form*	*Prefix/Suffix*
1. בָּרוּךְ					
2. בְּרוּכִים					
3. תְּבָרֵךְ					
4. תְּבָרְכוּ					
5. מְבָרֵךְ					
6. יְבָרֵךְ					
7. נִבְרַ֫כְתָּ					

[1] virtual doubling
[2] compensatory lengthening

8. יְבֹרַךְ

9. בֹּרַכְתֶּן

10. מְבֹרָךְ

11. מְבֹרָכָיו

12. מְבֹרֶ֫כֶת

13. גֹּרַ֫שְׁתָּ

14. גֹּרְשׁוּ

15. יְגֹרְשׁוּ

16. וַיִּנָּחֵם

17. תְּנֻחָמוּ

18. נַחֵם

19. בִּעַרְתֶּם

20. יְבֹעַר

Bible Translation. With the use of a standard lexicon, translate the following biblical texts. Be prepared to parse all verbs.

חֶבֶר הַקֵּינִי Heber the Kenite יָעֵל Jael

(1) יְהִי שֵׁם יְהוָה מְבֹרָךְ מֵעַתָּה וְעַד־עוֹלָם (Ps 113:2)

(2) תְּבֹרַךְ מִנָּשִׁים יָעֵל אֵשֶׁת חֶבֶר הַקֵּינִי מִנָּשִׁים בָּאֹהֶל תְּבֹרָךְ (Judg 5:24)

(3) כִּי מְבֹרָכָיו יִירְשׁוּ אָרֶץ וּמְקֻלָּלָיו יִכָּרֵתוּ (Ps 37:22)

(4) כְּאִישׁ אֲשֶׁר אִמּוֹ תְּנַחֲמֶנּוּ[3] כֵּן אָנֹכִי אֲנַחֶמְכֶם[4] וּבִירוּשָׁלִַם תְּנֻחָמוּ (Isa 66:13)

---

[3] תְּנַחֲמֶנּוּ Note the 3ms pronominal suffix.

[4] אֲנַחֶמְכֶם Note the 2mp pronominal suffix.

Exercise 30

The Hiphil Stem - Strong Verbs

Diagnostics. With a colored pen, give the diagnostics for the following Hiphil strong verb forms.

Perfect	*Imperfect*	*Imperative*	*Infinitive Construct*	*Infinitive Absolute*	*Participle*
קטל	קטל	קטל	קטל	קטל	קטל

Parsing. While most of the following verbs are Hiphil, a few other Qal and derived stem verbs have been included. Be alert to the presence of a prefix or suffix.

	Stem	*Conjugation*	*PGN*	*Lexical Form*	*Prefix/Suffix*
1. הִשְׁמַ֫דְתִּי					
2. וַיַּשְׁמֵד					
3. הַשְׁמִיד					
4. לְהַשְׁמִיד					
5. הַשְׁמֵד					
6. הִגְדִּ֫ילוּ					
7. וַיַּגְדִּ֫ילוּ					
8. לְהַגְדִּיל					
9. מַגְדִּילִים					
10. אַזְכִּיר					
11. הַזְכִּיר					
12. תַּזְכִּיר					

13. תַּזְכִּ֫ירוּ

14. הַזְכִּ֫ירוּ

15. הַזְכֵּ֫רְנָה

16. תַּזְכֵּ֫רְנָה

17. הַזְכִּירוֹ

18. מְמַלְּאִים

19. אַסְתִּ֫ירָה

20. וַיַּסְתִּ֫ירוּ

21. מַסְתִּירוֹת

22. עֲלוֹת

23. כַּלּוֹת

24. אַשְׁלִיךְ

25. וַיַּשְׁלֵךְ

26. הַשְׁלִ֫יכוּ

27. מַשְׁלִ֫יכָה

28. מַשְׁלֶ֫כֶת

29. תַּקְרִ֫יבוּ

30. נַקְרִיב

31. וַנַּקְרֵב

32. הִקְרַ֫בְנוּ

33. הִקְרִ֫יבוּ

34. תִּבָּֽטְחִי

35. הִבָּֽטְחִי

More Diagnostics. The following Hiphil verbs are taken from the parsing exercise above. With a colored pen, mark only the stem diagnostics for each of the following forms.

1. הִשְׁמַ֫דְתִּי
2. אַזְכִּיר
3. מַגְדִּילִים
4. הַזְכֵּ֫רְנָה
5. תַּזְכִּ֫ירוּ
6. הִקְרִ֫יבוּ
7. מַסְתִּירוֹת
8. הַשְׁמֵד
9. נַקְרִיב
10. תַּזְכֵּ֫רְנָה

Translation. Translate the following sentences with Hiphil verbs.

(1) הוּא יַשְׁמִיד אֶת־מִזְבְּחוֹת הַמְּלָכִים הָרְשָׁעִים

(2) וַיַּשְׁמֵד אֶת־מִזְבַּח הַמַּלְכָּה הָרָעָה

(3) הַשְׁמִ֫ידוּ אֶת־אֹיְבֵי הָעָם

(4) אֶת־אֹיְבֵי הָעָם הִשְׁמִ֫ידוּ

(5) אֶת־שִׁמְךָ הַקָּדוֹשׁ הִגְדִּילוּ

(6) הוּא יַגְדִּיל אֶת־שִׁמְךָ הַקָּדוֹשׁ

(7) וַיַּגְדִּ֫ילוּ אֶת־שִׁמְךָ הַקָּדוֹשׁ

(8) וַיַּגְדֵּל אֶת־שִׁמְךָ הַקָּדוֹשׁ

(9) הַגְדִּ֫ילִי אֶת־שְׁמוֹ יוֹמָם וָלַ֫יְלָה

(10) אֶת־שְׁמוֹ יוֹמָם וָלַ֫יְלָה תַּגְדִּ֫ילִי

(11) הַגְדֵּל אֶת־שְׁמוֹ יוֹמָם וָלַ֫יְלָה

(12) אֶת־חֶ֫סֶד יְהוָה אַזְכִּיר

(13) אַזְכִּ֫ירָה אֶת־חֶ֫סֶד יְהוָה

(14) נַזְכִּ֫ירָה אֶת־חֶ֫סֶד יְהוָה

(15) אֶת־חֶ֫סֶד יְהוָה נַזְכִּיר

(16) הַזְכִּ֫ירוּ אֶת־חֶ֫סֶד יְהוָה

(17) וַיְהִי בְּהַזְכִּירוֹ אֶת־דִּבְרֵי הַסֵּ֫פֶר וַיִּשְׂמַח

(18) וְהָיָה בְּהַזְכִּירוֹ אֶת־דִּבְרֵי הַסֵּ֫פֶר וְשָׂמַח

(19) אֲנִי הִקְדַּ֫שְׁתִּי אֶת־הַבַּ֫יִת הַזֶּה

(20) הַקְדִּ֫ישׁוּ אֶת־הַבַּ֫יִת הַזֶּה

(21) הַקְדֵּ֫שְׁנָה אֶת־הַבַּ֫יִת הַזֶּה

(22) אֶת־הַבַּ֫יִת הַזֶּה תַּקְדִּישׁ

Bible Translation. With the use of a standard lexicon, translate the following biblical texts. Be prepared to parse all verbs.

אֲבִיהוּא	Abihu	יִצְחָק	Isaac
אַבְרָהָם	Abraham	נָדָב	Nadab
אַהֲרֹן	Aaron	פַּרְעֹה	Pharaoh
יַעֲקֹב	Jacob	שָׂרַי	Sarai
יְהוֹשֻׁעַ	Joshua		

(1) וְאָנֹכִי הַסְתֵּר אַסְתִּיר פָּנַי בַּיּוֹם הַהוּא עַל כָּל־הָרָעָה אֲשֶׁר עָשָׂה כִּי פָנָה אֶל־אֱלֹהִים אֲחֵרִים (Deut 31:18)

(2) גֵּר אָנֹכִי בָאָרֶץ אַל־תַּסְתֵּר מִמֶּנִּי מִצְוֹתֶיךָ (Ps 119:19)

(3) אָז יִזְעֲקוּ אֶל־יְהוָה וְלֹא יַעֲנֶה אוֹתָם וְיַסְתֵּר פָּנָיו מֵהֶם בָּעֵת הַהִיא (Micah 3:4)

(4) הַסְתֵּר פָּנֶיךָ מֵחֲטָאָי וְכָל־עֲוֺנֹתַי מְחֵה (Ps 51:11 [English 51:9])

(5) וְאַל־תַּסְתֵּר פָּנֶיךָ מֵעַבְדֶּךָ כִּי־צַר־לִי (Ps 69:18 [English 69:17])

(6) **8b** אֶת־פָּנֶיךָ יְהוָה אֲבַקֵּשׁ **9a** אַל־תַּסְתֵּר פָּנֶיךָ מִמֶּנִּי (Ps 27:8b-9a)

(7) אַל־תַּסְתֵּר פָּנֶיךָ מִמֶּנִּי בְּיוֹם צַר לִי הַטֵּה־אֵלַי אָזְנֶךָ (Ps 102:3 [English 102:2])

(8) וַיֹּאמֶר אָנֹכִי אֱלֹהֵי אָבִיךָ אֱלֹהֵי אַבְרָהָם אֱלֹהֵי יִצְחָק וֵאלֹהֵי יַעֲקֹב וַיַּסְתֵּר מֹשֶׁה פָּנָיו כִּי יָרֵא מֵהַבִּיט[1] אֶל־הָאֱלֹהִים (Ex 3:6)

(9) לָמָּה־פָנֶיךָ תַסְתִּיר תִּשְׁכַּח עָנְיֵנוּ וְלַחֲצֵנוּ (Ps 44:25 [English 44:24])

(10) וְלֹא־אַסְתִּיר עוֹד פָּנַי מֵהֶם אֲשֶׁר[2] שָׁפַכְתִּי אֶת־רוּחִי עַל־בֵּית יִשְׂרָאֵל נְאֻם אֲדֹנָי יְהוִה (Ezek 39:29)

(11) וְחִכִּיתִי[3] לַיהוָה הַמַּסְתִּיר פָּנָיו מִבֵּית יַעֲקֹב וְקִוֵּיתִי־לוֹ (Isa 8:17)

(12) וַיְהִי כַּאֲשֶׁר קָרַב אֶל־הַמַּחֲנֶה וַיַּרְא אֶת־הָעֵגֶל וּמְחֹלֹת וַיִּחַר־אַף מֹשֶׁה וַיַּשְׁלֵךְ מִיָּדָו אֶת־הַלֻּחֹת וַיְשַׁבֵּר אֹתָם תַּחַת הָהָר (Ex 32:19)

---

[1] מֵהַבִּיט Hiphil Infinitive Construct נָבַט with preposition מִן

[2] אֲשֶׁר "when"

[3] וְחִכִּיתִי Perfect 1cs חָכָה with Waw Consecutive

(13) וַיִּקָּחֻהוּ[4] וַיַּשְׁלִכוּ אֹתוֹ הַבֹּרָה וְהַבּוֹר רֵק אֵין בּוֹ מָיִם (Gen 37:24)

(14) וַיֹּאמֶר הַשְׁלִיכֵהוּ[5] אַרְצָה וַיַּשְׁלִכֵהוּ אַרְצָה וַיְהִי לְנָחָשׁ וַיָּנָס מֹשֶׁה מִפָּנָיו (Ex 4:3)

(15) וּפַרְעֹה הִקְרִיב וַיִּשְׂאוּ בְנֵי־יִשְׂרָאֵל אֶת־עֵינֵיהֶם וְהִנֵּה מִצְרַיִם נֹסֵעַ אַחֲרֵיהֶם וַיִּירְאוּ מְאֹד
וַיִּצְעֲקוּ בְנֵי־יִשְׂרָאֵל אֶל־יְהוָה (Ex 14:10)

(16) וַיְהִי כַּאֲשֶׁר הִקְרִיב לָבוֹא מִצְרָיְמָה וַיֹּאמֶר אֶל־שָׂרַי אִשְׁתּוֹ הִנֵּה־נָא יָדַעְתִּי כִּי אִשָּׁה
יְפַת־מַרְאֶה אָתְּ (Gen 12:11)

(17) וְהִקְרַבְתָּ[6] אֶת־אַהֲרֹן וְאֶת־בָּנָיו אֶל־פֶּתַח אֹהֶל מוֹעֵד וְרָחַצְתָּ אֹתָם בַּמָּיִם (Ex 40:12)

(18) וַיַּקְרֵב מֹשֶׁה אֶת־אַהֲרֹן וְאֶת־בָּנָיו וַיִּרְחַץ אֹתָם בַּמָּיִם (Lev 8:6)

(19) וַיָּמָת נָדָב וַאֲבִיהוּא בְּהַקְרִיבָם אֵשׁ־זָרָה לִפְנֵי יְהוָה (Num 26:61)

---

[4] וַיִּקָּחֻהוּ Qal Imperfect 3mp לָקַח with 3ms pronominal suffix and Waw Consecutive

[5] הַשְׁלִיכֵהוּ Note the 3ms pronominal suffix (it).

[6] וְהִקְרַבְתָּ Perfect with Waw Consecutive

(20) יְהוָה אֱלֹהֶיךָ הוּא עֹבֵר לְפָנֶיךָ הוּא־יַשְׁמִיד אֶת־הַגּוֹיִם הָאֵלֶּה מִלְּפָנֶיךָ וִירִשְׁתָּם[7] יְהוֹשֻׁעַ הוּא עֹבֵר לְפָנֶיךָ כַּאֲשֶׁר דִּבֶּר יְהוָה (Deut 31:3)

(21) וַיְדַבֵּר שַׂר הַמַּשְׁקִים[8] אֶת־פַּרְעֹה לֵאמֹר אֶת־חֲטָאַי אֲנִי מַזְכִּיר הַיּוֹם (Gen 41:9)

(22) וּבְכֹל אֲשֶׁר־אָמַרְתִּי אֲלֵיכֶם תִּשָּׁמֵרוּ וְשֵׁם אֱלֹהִים אֲחֵרִים לֹא תַזְכִּירוּ לֹא יִשָּׁמַע עַל־פִּיךָ (Ex 23:13)

(23) וַיְהִי כְּהַזְכִּירוֹ[9] אֶת־אֲרוֹן הָאֱלֹהִים וַיִּפֹּל מֵעַל־הַכִּסֵּא אֲחֹרַנִּית בְּעַד יַד הַשַּׁעַר וַתִּשָּׁבֵר מַפְרַקְתּוֹ וַיָּמֹת כִּי־זָקֵן הָאִישׁ וְכָבֵד וְהוּא שָׁפַט אֶת־יִשְׂרָאֵל אַרְבָּעִים שָׁנָה (1 Sam 4:18)

(24) וְעַתָּה בָּחַרְתִּי וְהִקְדַּשְׁתִּי אֶת־הַבַּיִת הַזֶּה לִהְיוֹת־שְׁמִי שָׁם עַד־עוֹלָם וְהָיוּ עֵינַי וְלִבִּי שָׁם כָּל־הַיָּמִים (2 Chr 7:16)

(25) וְהִכְרַתִּי[10] אֶת־יִשְׂרָאֵל מֵעַל פְּנֵי הָאֲדָמָה אֲשֶׁר נָתַתִּי לָהֶם וְאֶת־הַבַּיִת אֲשֶׁר הִקְדַּשְׁתִּי לִשְׁמִי אֲשַׁלַּח מֵעַל פָּנָי וְהָיָה יִשְׂרָאֵל לְמָשָׁל וְלִשְׁנִינָה בְּכָל־הָעַמִּים (1 Kgs 9:7)

---

[7] וִירִשְׁתָּם "and you will dispossess them"

[8] שַׂר הַמַּשְׁקִים "chief butler"

[9] כְּהַזְכִּירוֹ Note the 3ms pronominal suffix on this form. It refers to the priest Eli.

[10] וְהִכְרַתִּי Perfect with Waw Consecutive

Exercise 31

The Hiphil Stem - Weak Verbs

Diagnostics. With a colored pen, give the diagnostics for the following Hiphil weak verb forms. With the I-נ, I-י and Biconsonantal weak verb classes, circle the stem diagnostics with a colored pen.

	Perfect	*Imperfect*	*Imperative*	*Infinitive Construct*	*Infinitive Absolute*	*Participle*
I-Gutt	עמד	עמד	עמד	עמד	עמד	עמד
III-ח/ע	שׁלח	שׁלח	שׁלח	שׁלח	שׁלח	שׁלח
III-א	מצא	מצא	מצא	מצא	מצא	מצא
III-ה	גלָה	גלֶה	גלֵה	גלוֹת	גלֵה	גלֶה
I-נ	הִצִּיל	יַצִּיל	הַצֵּל	הַצִּיל	הַצֵּל	מַצִּיל
I-י	הוֹשִׁיב	יוֹשִׁיב	הוֹשֵׁב	הוֹשִׁיב	הוֹשֵׁב	מוֹשִׁיב
Bicon	הֵקִים	יָקִים	הָקֵם	הָקִים	הָקֵם	מֵקִים

Parsing: Part 1. While most of the following verbs are Hiphil, a few other Qal and derived stem verbs have been included. Be alert to the presence of a prefix or suffix.

	Stem	*Conjugation*	*PGN*	*Lexical Form*	*Prefix/Suffix*
1. יַעֲמִ֫ידוּ					
2. הַעֲמִ֫ידוּ					
3. הֶעֱמִ֫ידוּ					
4. תַּעֲמִ֫ידוּ					
5. הִשְׁמִ֫ידוּ					
6. תַּשְׁמִ֫ידוּ					
7. הַשְׁמִ֫ידוּ					
8. הִשָּׁלֵךְ					
9. הַשְׁלִיךְ					
10. הַשְׁלֵךְ					
11. וַיַּשְׁלֵךְ					
12. מַשְׁלִיךְ					
13. אֶשְׁלְחָה					
14. הִשְׁלַ֫חְתִּי					
15. תַּשְׁלַ֫חְנָה					
16. תְּשַׁלְּחִי					
17. הַשְׁלַ֫חְנָה					
18. תַּמְצֶ֫אנָה					
19. הִמְצֵ֫אנוּ					
20. הַמְצִ֫יאוּ					

21. מַמְצִיאוֹת

22. יְמֻצְּאוּ

23. מַשְׁמִיעָה

24. מַשְׁמַ֫עַת

25. בָּנִ֫יתָ

26. יִבָּנֶה

27. הִרְבְּתָה

28. יַרְבֶּה

29. הַרְבֶּ֫ינָה

30. מַרְבִּים

Parsing: Part 2. Parse the following Qal and derived stem strong and weak verbs.

	Stem	*Conjugation*	*PGN*	*Lexical Form*
1. תִּפְקְדוּ				
2. תְּפַקְּדוּ				
3. תַּפְקִ֫ידוּ				
4. יֶאֱהַב				
5. מְאַהֲבִים				
6. בָּטְחָה				
7. יְבַטְּחוּ				
8. הִבְטִ֫יחוּ				
9. יֵדַע				
10. יִוָּדְעוּ				

11. תּוֹדַ֫עְנָה

12. יֵשְׁבוּ

13. יִוָּשֵׁב

14. נִמְצֵ֫אתִי

15. תִּמָּצְאוּ

16. עָלִ֫יתָ

17. עֲלֵה

18. עֹלֶה

19. עֹלוֹת

20. קַ֫מְתִּי

21. יָק֫וּמוּ

22. נָגַ֫עְתִּי

23. הִגַּ֫עְתִּי

24. תַּגִּ֫יעוּ

25. תַּטֶּ֫ינָה

Bible Translation. With the use of a standard lexicon, translate the following biblical texts. Be prepared to parse all verbs.

אַבְרָהָם	Abraham	יִשְׂרָאֵל	Israel
אֱמֹרִי	Amorite	לָבָן	Laban
הַמִּצְרִי	the Egyptian	לוֹט	Lot
יוֹסֵף	Joseph	פַּרְעֹה	Pharaoh
יַעֲקֹב	Jacob	קֹרַח	Korah
יִצְחָק	Isaac	רְאוּבֵן	Reuben

(1) וַיַּשְׁכֵּם אַבְרָהָם בַּבֹּקֶר וַיַּחֲבֹשׁ אֶת־חֲמֹרוֹ וַיִּקַּח אֶת־שְׁנֵי נְעָרָיו אִתּוֹ וְאֵת יִצְחָק בְּנוֹ
וַיְבַקַּע עֲצֵי עֹלָה וַיָּקָם וַיֵּלֶךְ אֶל־הַמָּקוֹם אֲשֶׁר־אָמַר־לוֹ הָאֱלֹהִים (Gen 22:3)

(2) וַיְדַבֵּר יְהוָה אֶל־מֹשֶׁה לֶךְ־רֵד כִּי שִׁחֵת עַמְּךָ אֲשֶׁר הֶעֱלֵיתָ מֵאֶרֶץ מִצְרָיִם (Ex 32:7)

(3) וַהֲקִמֹתִי[1] אֶת־בְּרִיתִי אִתְּכֶם וְלֹא־יִכָּרֵת כָּל־בָּשָׂר עוֹד מִמֵּי הַמַּבּוּל וְלֹא־יִהְיֶה עוֹד מַבּוּל
לְשַׁחֵת הָאָרֶץ (Gen 9:11)

(4) וַיָּבֵא יוֹסֵף אֶת־יַעֲקֹב אָבִיו וַיַּעֲמִדֵהוּ לִפְנֵי פַרְעֹה וַיְבָרֶךְ יַעֲקֹב אֶת־פַּרְעֹה (Gen 47:7)

(5) וַיַּשְׁכֵּם לָבָן בַּבֹּקֶר וַיְנַשֵּׁק לְבָנָיו וְלִבְנוֹתָיו וַיְבָרֶךְ אֶתְהֶם וַיֵּלֶךְ וַיָּשָׁב לָבָן לִמְקֹמוֹ
(Gen 32:1 [English 31:55])

(6) וַיַּעַן מֹשֶׁה וַיֹּאמֶר וְהֵן לֹא־יַאֲמִינוּ לִי וְלֹא יִשְׁמְעוּ בְּקֹלִי כִּי יֹאמְרוּ לֹא־נִרְאָה אֵלֶיךָ
יְהוָה (Ex 4:1)

---

[1] וַהֲקִמֹתִי Hiphil Perfect 1cp of קום with Waw Consecutive

(7) וַיְהִי מֵאָז הִפְקִיד אֹתוֹ בְּבֵיתוֹ וְעַל כָּל־אֲשֶׁר יֶשׁ־לוֹ וַיְבָרֶךְ יְהוָה אֶת־בֵּית הַמִּצְרִי בִּגְלַל
יוֹסֵף וַיְהִי בִּרְכַּת יְהוָה בְּכָל־אֲשֶׁר יֶשׁ־לוֹ בַּבַּיִת וּבַשָּׂדֶה (Gen 39:5)

(8) וָאוֹצִיא אֶת־אֲבוֹתֵיכֶם מִמִּצְרַיִם וַתָּבֹאוּ הַיָּמָּה וַיִּרְדְּפוּ מִצְרַיִם אַחֲרֵי אֲבוֹתֵיכֶם בְּרֶכֶב
וּבְפָרָשִׁים יַם־סוּף[2] (Josh 24:6)

(9) 17 כִּי יְהוָה אֱלֹהֵינוּ הוּא הַמַּעֲלֶה אֹתָנוּ וְאֶת־אֲבוֹתֵינוּ מֵאֶרֶץ מִצְרַיִם מִבֵּית עֲבָדִים
וַאֲשֶׁר עָשָׂה לְעֵינֵינוּ אֶת־הָאֹתוֹת הַגְּדֹלוֹת הָאֵלֶּה וַיִּשְׁמְרֵנוּ[3] בְּכָל־הַדֶּרֶךְ אֲשֶׁר הָלַכְנוּ בָהּ
וּבְכֹל הָעַמִּים אֲשֶׁר עָבַרְנוּ בְּקִרְבָּם 18 וַיְגָרֶשׁ יְהוָה אֶת־כָּל־הָעַמִּים וְאֶת־הָאֱמֹרִי יֹשֵׁב
הָאָרֶץ מִפָּנֵינוּ גַּם־אֲנַחְנוּ נַעֲבֹד אֶת־יְהוָה כִּי־הוּא אֱלֹהֵינוּ (Josh 24:17-18)

(10) כִּי־בָרֵךְ אֲבָרֶכְךָ[4] וְהַרְבָּה אַרְבֶּה אֶת־זַרְעֲךָ כְּכוֹכְבֵי הַשָּׁמַיִם וְכַחוֹל אֲשֶׁר עַל־שְׂפַת הַיָּם
וְיִרַשׁ זַרְעֲךָ אֵת שַׁעַר אֹיְבָיו (Gen 22:17)

(11) גּוּר בָּאָרֶץ הַזֹּאת וְאֶהְיֶה עִמְּךָ וַאֲבָרְכֶךָּ[5] כִּי־לְךָ וּלְזַרְעֲךָ אֶתֵּן אֶת־כָּל־הָאֲרָצֹת הָאֵל[6]
וַהֲקִמֹתִי אֶת־הַשְּׁבֻעָה אֲשֶׁר נִשְׁבַּעְתִּי לְאַבְרָהָם אָבִיךָ (Gen 26:3)

---

2 יַם־סוּף "Red Sea"

3 וַיִּשְׁמְרֵנוּ Note the 1cp pronominal suffix on this Imperfect verb.

4 אֲבָרֶכְךָ Note the 2ms pronominal suffix on this Imperfect verb.

5 וַאֲבָרְכֶךָּ Note the 2ms pronominal suffix on this Imperfect verb.

6 הָאֵל = הָאֵלֶּה

(12) וַיֵּרָא אֵלָיו יְהוָה בַּלַּיְלָה[7] הַהוּא וַיֹּאמֶר אָנֹכִי אֱלֹהֵי אַבְרָהָם אָבִיךָ אַל־תִּירָא כִּי־אִתְּךָ אָנֹכִי וּבֵרַכְתִּיךָ[8] וְהִרְבֵּיתִי אֶת־זַרְעֲךָ בַּעֲבוּר אַבְרָהָם עַבְדִּי (Gen 26:24)

(13) וַיְדַבֵּר יְהוָה אֶל־מֹשֶׁה לֵךְ עֲלֵה מִזֶּה אַתָּה וְהָעָם אֲשֶׁר הֶעֱלִיתָ מֵאֶרֶץ מִצְרָיִם אֶל־הָאָרֶץ אֲשֶׁר נִשְׁבַּעְתִּי לְאַבְרָהָם לְיִצְחָק וּלְיַעֲקֹב לֵאמֹר לְזַרְעֲךָ אֶתְּנֶנָּה[9] (Ex 33:1)

(14) וְעַתָּה לְכָה וְאֶשְׁלָחֲךָ[10] אֶל־פַּרְעֹה וְהוֹצֵא אֶת־עַמִּי בְנֵי־יִשְׂרָאֵל מִמִּצְרָיִם (Ex 3:10)

(15) וְלָקַחְתִּי[11] אֶתְכֶם לִי לְעָם וְהָיִיתִי לָכֶם לֵאלֹהִים וִידַעְתֶּם כִּי אֲנִי יְהוָה אֱלֹהֵיכֶם הַמּוֹצִיא אֶתְכֶם מִתַּחַת סִבְלוֹת מִצְרָיִם (Ex 6:7)

(16) וְגַם אֲנִי שָׁמַעְתִּי אֶת־נַאֲקַת בְּנֵי יִשְׂרָאֵל אֲשֶׁר מִצְרַיִם מַעֲבִדִים אֹתָם וָאֶזְכֹּר אֶת־בְּרִיתִי (Ex 6:5)

---

[7] בַּלַּיְלָה הַהוּא "in that night." The demonstrative adjective הוּא is masculine because the noun לַיְלָה is considered masculine, not feminine.

[8] וּבֵרַכְתִּיךָ Note the 2ms pronominal suffix on this Perfect verb.

[9] אֶתְּנֶנָּה "I will give it"

[10] וְאֶשְׁלָחֲךָ Note the 2ms pronominal suffix on this Imperfect verb.

[11] וְלָקַחְתִּי Perfect with Waw Consecutive

(17) וַיִּקְרְאוּ אֶל־לוֹט וַיֹּאמְרוּ לוֹ אַיֵּה הָאֲנָשִׁים אֲשֶׁר־בָּאוּ אֵלֶיךָ הַלָּיְלָה הוֹצִיאֵם[12] אֵלֵינוּ
וְנֵדְעָה אֹתָם (Gen 19:5)

(18) הַקְהֵל אֶת־הָעָם הָאֲנָשִׁים וְהַנָּשִׁים וְהַטַּף וְגֵרְךָ אֲשֶׁר בִּשְׁעָרֶיךָ לְמַעַן יִשְׁמְעוּ וּלְמַעַן
יִלְמְדוּ וְיָרְאוּ[13] אֶת־יְהוָה אֱלֹהֵיכֶם וְשָׁמְרוּ לַעֲשׂוֹת אֶת־כָּל־דִּבְרֵי הַתּוֹרָה הַזֹּאת
(Deut 31:12)

(19) וְלֹא־יִשְׁמַע אֲלֵכֶם פַּרְעֹה וְנָתַתִּי אֶת־יָדִי בְּמִצְרָיִם וְהוֹצֵאתִי אֶת־צִבְאֹתַי אֶת־עַמִּי
בְנֵי־יִשְׂרָאֵל מֵאֶרֶץ מִצְרַיִם בִּשְׁפָטִים גְּדֹלִים (Ex 7:4)

(20) וַיֹּאמֶר הִנֶּה נָּא־אֲדֹנַי סוּרוּ נָא אֶל־בֵּית עַבְדְּכֶם וְלִינוּ וְרַחֲצוּ רַגְלֵיכֶם וְהִשְׁכַּמְתֶּם
וַהֲלַכְתֶּם לְדַרְכְּכֶם וַיֹּאמְרוּ לֹּא כִּי בָרְחוֹב נָלִין (Gen 19:2)

(21) וַיַּקְהֵל עֲלֵיהֶם קֹרַח אֶת־כָּל־הָעֵדָה אֶל־פֶּתַח אֹהֶל מוֹעֵד וַיֵּרָא כְבוֹד־יְהוָה אֶל־כָּל־הָעֵדָה
(Num 16:19)

(22) וַיֹּאמֶר אֲלֵהֶם רְאוּבֵן אַל־תִּשְׁפְּכוּ־דָם הַשְׁלִיכוּ אֹתוֹ אֶל־הַבּוֹר הַזֶּה אֲשֶׁר בַּמִּדְבָּר וְיָד
אַל־תִּשְׁלְחוּ־בוֹ לְמַעַן הַצִּיל אֹתוֹ מִיָּדָם לַהֲשִׁיבוֹ[14] אֶל־אָבִיו (Gen 37:22)

---

[12] הוֹצִיאֵם Note the 3mp pronominal suffix on this Hiphil verb.

[13] וְיָרְאוּ Perfect with Waw Consecutive

[14] לַהֲשִׁיבוֹ Hiphil Infinitive Construct שׁוּב with 3ms pronominal suffix and preposition לְ

Exercise 32

The Hophal Stem - Strong Verbs

Diagnostics. Give only the diagnostics for the following Hophal strong verb forms.

	Perfect	*Imperfect*	*Participle*
u-class	קטל	קטל	קטל
o-class	קטל	קטל	קטל

Parsing. Parse the following Qal and derived stem verbs.

	Stem	*Conjugation*	*PGN*	*Lexical Form*	*Prefix/Suffix*
1. הִפְקִיד					
2. הָפְקַד					
3. מֻפְקָדִים					
4. מַפְקִידִים					
5. הִשְׁלִ֫ימָה					
6. הָשְׁלְמָה					
7. יַשְׁלִים					
8. וַיַּשְׁלֵם					
9. אַשְׂכִּיל					
10. אַשְׂכִּ֫ילָה					
11. הִשְׁלִ֫יכוּ					

12. הֻשְׁלְכוּ

13. מַשְׁלֶ֫כֶת

14. מֻשְׁלֶ֫כֶת

15. מֻשְׁלָכָה

16. הָשְׁלַ֫כְתָּ

17. הִשְׁלַ֫כְתָּ

18. וַתֻּשְׁלְכִי

19. מַשְׁבִּית

20. מָשְׁבָּת

21. הִשְׁכִּיב

22. הִשְׁכִּ֫יבָה

23. הֻשְׁכַּב

24. הֻשְׁכְּבָה

25. הַשְׁכִּ֫יבוּ

26. תֶּאֱהַב

27. הֶאֱהַ֫בְתָּ

28. מַאֲהִיבִים

29. יָדַ֫עְנוּ

30. נוֹדַ֫עְנוּ

More Diagnostics. The following Hophal verbs are taken from the parsing exercise above. With a colored pen, mark only the stem diagnostics for each of the following forms.

1. הָפְקַד

2. מֻפְקָדִים

3. מֻשְׁלֶכֶת

4. וַתֻּשְׁלְכִי

5. הֻשְׁכַּב

6. הֻשְׁכְּבָה

Bible Translation. With the use of a standard lexicon, translate the following biblical texts.

אַבְרָהָם   Abraham   יִצְחָק   Isaac

(1)   1 וַיְכֻלּוּ הַשָּׁמַיִם וְהָאָרֶץ וְכָל־צְבָאָם 2 וַיְכַל אֱלֹהִים בַּיּוֹם הַשְּׁבִיעִי מְלַאכְתּוֹ אֲשֶׁר עָשָׂה

וַיִּשְׁבֹּת בַּיּוֹם הַשְּׁבִיעִי מִכָּל־מְלַאכְתּוֹ אֲשֶׁר עָשָׂה 3 וַיְבָרֶךְ אֱלֹהִים אֶת־יוֹם הַשְּׁבִיעִי

וַיְקַדֵּשׁ אֹתוֹ כִּי בוֹ שָׁבַת מִכָּל־מְלַאכְתּוֹ אֲשֶׁר־בָּרָא אֱלֹהִים לַעֲשׂוֹת (Gen 2:1-3)

(2)[1] **1** וַיְהִי אַחַר הַדְּבָרִים הָאֵלֶּה וְהָאֱלֹהִים נִסָּה אֶת־אַבְרָהָם וַיֹּאמֶר אֵלָיו אַבְרָהָם וַיֹּאמֶר

הִנֵּנִי **2** וַיֹּאמֶר קַח־נָא אֶת־בִּנְךָ אֶת־יְחִידְךָ אֲשֶׁר־אָהַבְתָּ אֶת־יִצְחָק וְלֶךְ־לְךָ אֶל־אֶרֶץ

הַמֹּרִיָּה[2] וְהַעֲלֵהוּ שָׁם לְעֹלָה עַל אַחַד הֶהָרִים אֲשֶׁר אֹמַר אֵלֶיךָ **3** וַיַּשְׁכֵּם אַבְרָהָם

בַּבֹּקֶר וַיַּחֲבֹשׁ אֶת־חֲמֹרוֹ וַיִּקַּח אֶת־שְׁנֵי נְעָרָיו אִתּוֹ וְאֵת יִצְחָק בְּנוֹ וַיְבַקַּע עֲצֵי עֹלָה

וַיָּקָם וַיֵּלֶךְ אֶל־הַמָּקוֹם אֲשֶׁר־אָמַר־לוֹ הָאֱלֹהִים **4** בַּיּוֹם הַשְּׁלִישִׁי וַיִּשָּׂא אַבְרָהָם

אֶת־עֵינָיו וַיַּרְא אֶת־הַמָּקוֹם מֵרָחֹק **5** וַיֹּאמֶר אַבְרָהָם אֶל־נְעָרָיו שְׁבוּ־לָכֶם[3] פֹּה

עִם־הַחֲמוֹר וַאֲנִי וְהַנַּעַר נֵלְכָה עַד־כֹּה[4] וְנִשְׁתַּחֲוֶה[5] וְנָשׁוּבָה אֲלֵיכֶם **6** וַיִּקַּח אַבְרָהָם

אֶת־עֲצֵי הָעֹלָה וַיָּשֶׂם עַל־יִצְחָק בְּנוֹ וַיִּקַּח בְּיָדוֹ אֶת־הָאֵשׁ וְאֶת־הַמַּאֲכֶלֶת וַיֵּלְכוּ שְׁנֵיהֶם

יַחְדָּו **7** וַיֹּאמֶר יִצְחָק אֶל־אַבְרָהָם אָבִיו וַיֹּאמֶר אָבִי וַיֹּאמֶר הִנֶּנִּי בְנִי וַיֹּאמֶר הִנֵּה הָאֵשׁ

וְהָעֵצִים וְאַיֵּה הַשֶּׂה לְעֹלָה (Gen 22:1-7)

---

[1] This is the first of three texts from Gen 22. The second and third readings will appear in exercises 34 and 35.

[2] הַמֹּרִיָּה "Moriah"

[3] שְׁבוּ־לָכֶם פֹּה "you stay here"

[4] עַד־כֹּה "over there"

[5] וְנִשְׁתַּחֲוֶה "and we will worship"

Exercise 33

The Hophal Stem - Weak Verbs

Diagnostics. With a colored pen, give only the diagnostics for the following Hophal weak verb forms. With the I-נ, I-י, Biconsonantal and Geminate weak verb classes, circle the stem diagnostics with a colored pen.

	Perfect	*Imperfect*	*Participle*
I-Gutt	עמד	עמד	עמד
III-ה	גלָה	גלֶה	גלֶה
I-נ	הֻצַּל	יֻצַּל	מֻצָּל
I-י	הוּשַׁב	יוּשַׁב	מוּשָׁב
Biconsonantal	הוּקַם	יוּקַם	מוּקָם
Geminate	הוּסַב	יוּסַב	מוּסָב

Parsing: Part 1. Most of the following verbs are Hiphil and Hophal.

	Stem	*Conjugation*	*PGN*	*Lexical Form*	*Prefix/Suffix*
1. הֶעֱמִיד					
2. יַעֲמִיד					
3. וַיַּעֲמֵד					
4. הַעֲמֵד					
5. הַעֲמִיד					

6. הָעֳמַד
7. תָּעָמְדִי
8. מָעֳמָד
9. הִגְלָה
10. הָגְלָה
11. הִגְלִ֫יתָ
12. הָגְלֵ֫יתָ
13. מַרְאֶה
14. מָרְאֶה
15. יַרְאֶה
16. וַיַּ֫רְא
17. יַגִּיד
18. וַיֻּגַּד
19. מַגֶּ֫דֶת
20. מֻגֶּ֫דֶת
21. הֻצַּב
22. הִצִּיב
23. מֻצָּב
24. וַיַּצֵּב
25. הוֹשִׁיב

Parsing: Part 2. Parse the following Qal and derived stem verbs.

	Stem	*Conjugation*	*PGN*	*Lexical Form*	*Prefix/Suffix*
1. אֱחֹז					
2. אֹחֵז					
3. אָחוּז					
4. נֶאֱחַז					
5. נֶאֱחָז					
6. אֶבְנֶה					
7. הִבָּנוֹת					
8. וַיִּבֶן					
9. גְּאוּלִים					
10. לְהַגְדִּיל					
11. נִגְלֵיתִי					
12. גִּלִּיתִי					
13. הִגְלֵיתִי					
14. יֵלֵךְ					
15. וַיֵּלֶךְ					
16. חָטָאנוּ					
17. לִחְיוֹת					
18. יָדַעַתְּ					
19. נוֹדַע					

20. הוֹדִיעַ

21. יִוָּדַע

22. כָּלִ֫יתִי

23. כִּלֵּ֫יתִי

24. כְּלוֹת

25. מְכַלּוֹת

Bible Translation. Translate the following biblical texts.

אֲבִימֶלֶךְ	Abimelech	יוֹאָב	Joab
אַבְרָהָם	Abraham	יִשְׁמְעֵאלִים	Ishmaelites
אַהֲרֹן	Aaron	מִיכַל	Michal
בָּבֶל	Babylon	מִלְכָּה	Milcah
בְּנָיָהוּ	Benaiah	מִצְרִי	Egyptian
בֹּעַז	Boaz	נָחוֹר	Nahor
דָּוִד	David	עֹבֵד אֱדֹם	Obed-Edom
יְהוֹיָדָע	Jehoiada	פּוֹטִיפַר	Potiphar
יְהוֹנָתָן	Jonathan	שְׁלֹמֹה	Solomon
יְהוֹשֻׁעַ	Joshua	שָׁאוּל	Saul

(1) וּמַכֵּה אָבִיו וְאִמּוֹ מוֹת יוּמָת (Ex 21:15)

(2) וּמְקַלֵּל אָבִיו וְאִמּוֹ מוֹת יוּמָת (Ex 21:17)

(3) וַיַּעַן יְהוֹנָתָן אֶת־שָׁאוּל אָבִיו וַיֹּאמֶר אֵלָיו לָמָּה יוּמַת מֶה עָשָׂה (1 Sam 20:32)

(4)   וַיְצַו אֲבִימֶלֶךְ אֶת־כָּל־הָעָם לֵאמֹר הַנֹּגֵעַ בָּאִישׁ הַזֶּה וּבְאִשְׁתּוֹ מוֹת יוּמָת (Gen 26:11)

(5)   וַיֹּאמֶר שָׁאוּל לֹא־יוּמַת אִישׁ בַּיּוֹם הַזֶּה כִּי הַיּוֹם עָשָׂה־יְהוָה תְּשׁוּעָה בְּיִשְׂרָאֵל

                                                                  (1 Sam 11:13)

(6)   וַיִּשְׁלַח שָׁאוּל מַלְאָכִים אֶל־בֵּית דָּוִד לְשָׁמְרוֹ וְלַהֲמִיתוֹ[1] בַּבֹּקֶר וַתַּגֵּד לְדָוִד מִיכַל אִשְׁתּוֹ לֵאמֹר אִם־אֵינְךָ מְמַלֵּט אֶת־נַפְשְׁךָ הַלַּיְלָה מָחָר אַתָּה מוּמָת (1 Sam 19:11)

(7)   וַיַּחֲלֹם וְהִנֵּה סֻלָּם מֻצָּב אַרְצָה וְרֹאשׁוֹ מַגִּיעַ הַשָּׁמָיְמָה וְהִנֵּה מַלְאֲכֵי אֱלֹהִים עֹלִים וְיֹרְדִים בּוֹ (Gen 28:12)

(8)   אַתָּה הָרְאֵתָ לָדַעַת כִּי יְהוָה הוּא הָאֱלֹהִים אֵין עוֹד מִלְבַדּוֹ (Deut 4:35)

(9)   וַיּוּשַׁב אֶת־מֹשֶׁה וְאֶת־אַהֲרֹן אֶל־פַּרְעֹה וַיֹּאמֶר אֲלֵהֶם לְכוּ עִבְדוּ אֶת־יְהוָה אֱלֹהֵיכֶם (Ex 10:8)

---

[1] וְלַהֲמִיתוֹ "that he might kill him"

(10) וְאֶל־הַכֹּהֲנִים וְאֶל־כָּל־הָעָם הַזֶּה דִּבַּרְתִּי לֵאמֹר כֹּה אָמַר יְהוָה אַל־תִּשְׁמְעוּ אֶל־דִּבְרֵי נְבִיאֵיכֶם הַנִּבְּאִים לָכֶם לֵאמֹר הִנֵּה כְלֵי בֵית־יְהוָה מוּשָׁבִים מִבָּבֶלָה עַתָּה[2] מְהֵרָה כִּי שֶׁקֶר הֵמָּה נִבְּאִים לָכֶם (Jer 27:16)

(11) וְהָאֲנָשִׁים אֲשֶׁר לֹא־מֵתוּ הֻכּוּ בַּעְפֹלִים וַתַּעַל שַׁוְעַת הָעִיר הַשָּׁמָיִם (1 Sam 5:12)

(12) וְיוֹסֵף הוּרַד מִצְרָיְמָה וַיִּקְנֵהוּ פּוֹטִיפַר סְרִיס פַּרְעֹה שַׂר[3] הַטַּבָּחִים אִישׁ מִצְרִי מִיַּד הַיִּשְׁמְעֵאלִים אֲשֶׁר הוֹרִדֻהוּ שָׁמָּה (Gen 39:1)

(13) וַיִּתֶּן־לוֹ הַכֹּהֵן קֹדֶשׁ[4] כִּי לֹא־הָיָה שָׁם לֶחֶם כִּי־אִם־לֶחֶם הַפָּנִים הַמּוּסָרִים מִלִּפְנֵי יְהוָה (1 Sam 21:7 [English 21:6])

(14) וַיַּעַן בֹּעַז וַיֹּאמֶר לָהּ הֻגֵּד הֻגַּד לִי כֹּל אֲשֶׁר־עָשִׂית אֶת־חֲמוֹתֵךְ אַחֲרֵי מוֹת אִישֵׁךְ וַתַּעַזְבִי אָבִיךְ וְאִמֵּךְ וְאֶרֶץ מוֹלַדְתֵּךְ וַתֵּלְכִי אֶל־עַם אֲשֶׁר לֹא־יָדַעַתְּ (Ruth 2:11)

---

[2] עַתָּה מְהֵרָה "shortly"

[3] שַׂר הַטַּבָּחִים "the captain of the guard"

[4] קֹדֶשׁ "the holy [bread]"

(15) וַיֻּגַּד לַמֶּלֶךְ דָּוִד לֵאמֹר בֵּרַךְ יְהוָה אֶת־בֵּית עֹבֵד אֱדֹם וְאֶת־כָּל־אֲשֶׁר־לוֹ בַּעֲבוּר אֲרוֹן הָאֱלֹהִים וַיֵּלֶךְ דָּוִד וַיַּעַל אֶת־אֲרוֹן הָאֱלֹהִים מִבֵּית עֹבֵד אֱדֹם עִיר דָּוִד בְּשִׂמְחָה (2 Sam 6:12)

(16) וַיַּעֲנוּ אֶת־יְהוֹשֻׁעַ וַיֹּאמְרוּ כִּי הֻגֵּד הֻגַּד לַעֲבָדֶיךָ אֵת אֲשֶׁר צִוָּה יְהוָה אֱלֹהֶיךָ אֶת־מֹשֶׁה עַבְדּוֹ לָתֵת לָכֶם אֶת־כָּל־הָאָרֶץ וּלְהַשְׁמִיד אֶת־כָּל־יֹשְׁבֵי הָאָרֶץ מִפְּנֵיכֶם וַנִּירָא מְאֹד לְנַפְשֹׁתֵינוּ מִפְּנֵיכֶם וַנַּעֲשֶׂה אֶת־הַדָּבָר הַזֶּה (Josh 9:24)

(17) וַיֻּגַּד לַמֶּלֶךְ שְׁלֹמֹה כִּי נָס יוֹאָב אֶל־אֹהֶל יְהוָה וְהִנֵּה אֵצֶל הַמִּזְבֵּחַ וַיִּשְׁלַח שְׁלֹמֹה אֶת־בְּנָיָהוּ בֶן־יְהוֹיָדָע לֵאמֹר לֵךְ פְּגַע־בּוֹ (1 Kgs 2:29)

(18) וַיֻּגַּד לְמֶלֶךְ מִצְרַיִם כִּי בָרַח הָעָם וַיֵּהָפֵךְ לְבַב פַּרְעֹה וַעֲבָדָיו אֶל־הָעָם וַיֹּאמְרוּ מַה־זֹּאת עָשִׂינוּ כִּי־שִׁלַּחְנוּ אֶת־יִשְׂרָאֵל מֵעָבְדֵנוּ (Ex 14:5)

(19) וַיְהִי אַחֲרֵי הַדְּבָרִים הָאֵלֶּה וַיֻּגַּד לְאַבְרָהָם לֵאמֹר הִנֵּה יָלְדָה מִלְכָּה גַם־הִוא[5] בָּנִים לְנָחוֹר אָחִיךָ (Gen 22:20)

[5] גַם־הִוא "also she"

Exercise 34

The Hithpael Stem - Strong Verbs

Diagnostics. Give only the stem diagnostics for the following Hithpael strong verb forms.

Perfect	*Imperfect*	*Imperative*	*Infinitive Construct*	*Infinitive Absolute*	*Participle*
קטל	קטל	קטל	קטל	קטל	קטל

Parsing. Parse the following derived stem verbs.

	Stem	*Conjugation*	*PGN*	*Lexical Form*	*Prefix/Suffix*
1. יִתְגַּדֵּל					
2. מִתְכַּבֵּד					
3. יִתְלַכְּדוּ					
4. הוֹצֵאתֶם					
5. מוֹלִידוֹת					
6. יוּשַׁב					
7. וַיִּתְמַכְּרוּ					
8. הִבַּטְתֶּם					
9. מַבִּיט					
10. מִתְקַדְּשִׁים					
11. וַיִּתְפַּשֵּׁט					
12. תְּקִימֶינָה					

13. וַיִּתְנַכֵּר

14. מִתְקַדֶּשֶׁת

15. הֲקִימֹותִי

16. הִתְנַפַּלְתִּי

17. תְּבִיאֶינָה

18. מוּשָׁב

19. וָאֶשְׁתַּמֵּר

20. מִסְתַּתֵּר

21. תִּשְׁתַּמְּרוּ

22. הִשְׁתַּמַּרְנוּ

23. אֶסְתַּפֵּר

24. מִסְתַּפֶּרֶת

25. הִסְתַּפְּרִי

More Diagnostics. The following Hithpael verbs are taken from the parsing exercise above. With a colored pen, mark only the stem diagnostics for each of the following forms.

1. יִתְגַּדֵּל

2. מִתְכַּבֵּד

3. מִתְקַדֶּשֶׁת

4. מִסְתַּתֵּר

5. תִּשְׁתַּמְּרוּ

6. הִתְנַפַּלְתִּי

Bible Translation. With the use of a standard lexicon, translate the following biblical texts. Though some weak Hithpael verbs appear in the following texts, their diagnostics are the same as those of the strong verb.

אַבְרָם	Abram	יוֹסֵף	Joseph
אַבְרָהָם	Abraham	יִצְחָק	Isaacw
אֵל שַׁדַּי	El Shaddai	כְּנַעַן	Canaan
יְהוֹשֻׁעַ	Joshua	נֹחַ	Noah
יוֹנָה	Jonah	שְׁמוּאֵל	Samuel

(1) וַיַּרְא יוֹסֵף אֶת־אֶחָיו וַיַּכִּרֵם[1] וַיִּתְנַכֵּר אֲלֵיהֶם וַיְדַבֵּר אִתָּם קָשׁוֹת וַיֹּאמֶר אֲלֵהֶם מֵאַיִן בָּאתֶם וַיֹּאמְרוּ מֵאֶרֶץ כְּנַעַן לִשְׁבָּר־אֹכֶל (Gen 42:7)

(2) וְהִתְהַלַּכְתִּי[2] בְּתוֹכְכֶם וְהָיִיתִי לָכֶם לֵאלֹהִים וְאַתֶּם תִּהְיוּ־לִי לְעָם (Lev 26:12)

(3) אֵלֶּה תּוֹלְדֹת נֹחַ נֹחַ אִישׁ צַדִּיק תָּמִים הָיָה בְּדֹרֹתָיו אֶת־הָאֱלֹהִים הִתְהַלֶּךְ־נֹחַ (Gen 6:9)

(4) וַיְהִי אַבְרָם בֶּן־תִּשְׁעִים שָׁנָה וְתֵשַׁע שָׁנִים וַיֵּרָא יְהוָה אֶל־אַבְרָם וַיֹּאמֶר אֵלָיו אֲנִי־אֵל שַׁדַּי הִתְהַלֵּךְ לְפָנַי וֶהְיֵה תָמִים (Gen 17:1)

[1] וַיַּכִּרֵם Hiphil Imperfect with 3mp pronominal suffix

[2] וְהִתְהַלַּכְתִּי Perfect with Waw Consecutive

(5) וַיִּשְׁמְעוּ אֶת־קוֹל יְהוָה אֱלֹהִים מִתְהַלֵּךְ בַּגָּן לְרוּחַ הַיּוֹם[3] וַיִּתְחַבֵּא הָאָדָם וְאִשְׁתּוֹ מִפְּנֵי
יְהוָה אֱלֹהִים בְּתוֹךְ עֵץ הַגָּן (Gen 3:8)

(6) וַיִּתְפַּלֵּל יוֹנָה אֶל־יְהוָה אֱלֹהָיו מִמְּעֵי הַדָּגָה (Jonah 2:2 [English 2:1])

(7) וַיֹּאמְרוּ כָל־הָעָם אֶל־שְׁמוּאֵל הִתְפַּלֵּל בְּעַד־עֲבָדֶיךָ אֶל־יְהוָה אֱלֹהֶיךָ וְאַל־נָמוּת
כִּי־יָסַפְנוּ עַל־כָּל־חַטֹּאתֵינוּ רָעָה לִשְׁאֹל לָנוּ מֶלֶךְ (1 Sam 12:19)

(8) וַיֹּאמֶר יְהוָה אֵלַי אַל־תִּתְפַּלֵּל בְּעַד־הָעָם הַזֶּה לְטוֹבָה (Jer 14:11)

(9) וַיֹּאמֶר יְהוֹשֻׁעַ אֶל־הָעָם הִתְקַדָּשׁוּ כִּי מָחָר יַעֲשֶׂה יְהוָה בְּקִרְבְּכֶם נִפְלָאוֹת (Josh 3:5)

(10)[4] 8 וַיֹּאמֶר אַבְרָהָם אֱלֹהִים יִרְאֶה־לּוֹ הַשֶּׂה לְעֹלָה בְּנִי וַיֵּלְכוּ שְׁנֵיהֶם יַחְדָּו 9 וַיָּבֹאוּ

אֶל־הַמָּקוֹם אֲשֶׁר אָמַר־לוֹ הָאֱלֹהִים וַיִּבֶן שָׁם אַבְרָהָם אֶת־הַמִּזְבֵּחַ וַיַּעֲרֹךְ אֶת־הָעֵצִים

---

[3] לְרוּחַ הַיּוֹם "in the cool of the day" (NIV, RSV; see 35.12 for study of this phrase)

[4] The last biblical text for this exercise (number 10) will continue the reading of Gen 22 that began in exercise 32.

וַיַּעֲקֹד אֶת־יִצְחָק בְּנוֹ וַיָּשֶׂם אֹתוֹ עַל־הַמִּזְבֵּחַ מִמַּעַל[5] לָעֵצִים 10 וַיִּשְׁלַח אַבְרָהָם אֶת־יָדוֹ

וַיִּקַּח אֶת־הַמַּאֲכֶלֶת לִשְׁחֹט אֶת־בְּנוֹ 11 וַיִּקְרָא אֵלָיו מַלְאַךְ יְהוָה מִן־הַשָּׁמַיִם וַיֹּאמֶר

אַבְרָהָם אַבְרָהָם וַיֹּאמֶר הִנֵּנִי 12 וַיֹּאמֶר אַל־תִּשְׁלַח יָדְךָ אֶל־הַנַּעַר וְאַל־תַּעַשׂ לוֹ

מְאוּמָה כִּי עַתָּה יָדַעְתִּי כִּי־יְרֵא[6] אֱלֹהִים אַתָּה וְלֹא חָשַׂכְתָּ אֶת־בִּנְךָ אֶת־יְחִידְךָ מִמֶּנִּי 13

וַיִּשָּׂא אַבְרָהָם אֶת־עֵינָיו וַיַּרְא וְהִנֵּה־אַיִל אַחַר נֶאֱחַז בַּסְּבַךְ בְּקַרְנָיו וַיֵּלֶךְ אַבְרָהָם וַיִּקַּח

אֶת־הָאַיִל וַיַּעֲלֵהוּ לְעֹלָה תַּחַת בְּנוֹ (Gen 22:8-13)

---

[5] מִמַּעַל "on top of"

[6] כִּי־יְרֵא אֱלֹהִים אַתָּה "that you fear God"

Exercise 35

The Hithpael Stem - Weak Verbs

Diagnostics. Give only the stem diagnostics for the following Hithpael weak verb forms.

	Perfect	*Imperfect*	*Imperative*	*Infinitive Construct*	*Infinitive Absolute*	*Participle*
Geminate	פלל	פלל	פלל	פלל	פלל	פלל
III-ה	גלָה	גלֶה	גלֵה	גלוֹת		גלֶה
II-Gutt[1]	נחם	נחם	נחם	נחם	נחם	נחם
II-Gutt[2]	ברך	ברך	ברך	ברך	ברך	ברך

Parsing. Parse the following Qal and derived stem verbs.

	Stem	*Conjugation*	*PGN*	*Lexical Form*	*Prefix/Suffix*
1. וַיִּתְנַכֵּר					
2. מִתְנַפֵּל					
3. תֵּעָזַ֫בְנָה					
4. הִתְבָּרַכְתֶּם					
5. תִּתְבָּרֵ֫כְנָה					
6. הִתְבָּרֵ֫כְנָה					
7. הִתְהַלַּ֫כְתִּי					
8. יֹאמְרוּ					

---

1 virtual doubling

2 compensatory lengthening

9. בֵּרַ֫כְתִּי

10. תִּתְהַלְּכוּ

11. יִתְהַלֵּל

12. נִשְׁלָחוֹת

13. מִתְכַּסֶּה

14. יִתְכַּסּוּ

15. נִשְׁלְחָה

16. הִתְגַּלִּ֫ינוּ

17. נִתְגַּלֶּה

18. הִתְגַּלּוֹת

19. הִתְגַּלֶּ֫ינָה

20. מִתְנַבְּאוֹת

21. הִבָּנוֹת

22. תִּתְנַחֲלוּ

23. הִתְנַחַמְתְּ

24. הִתְנַחַ֫מְנָה

25. הִתְעַנּוֹת

26. הִתְגַּלּוֹת

27. הִתְפָּֽרְדוּ

28. תִּשְׁתַּפֵּךְ

29. אֶשְׁתַּמֵּר

30. הִתְבָּרֲכוּ

Bible Translation. With the use of a standard lexicon, translate the following biblical texts.

אַבְשָׁלֹם	Absalom	יוֹאָב	Joab
אַבְרָהָם	Abraham	יַעֲקֹב	Jacob
בְּאֵר שָׁבַע	Beersheba	עֵשָׂו	Esau
חִזְקִיָּהוּ	Hezekiah	רִבְקָה	Rebekah
חֲנוֹךְ	Enoch	שְׁאֹלָה	to Sheol
יְהוֹשָׁפָט	Jehoshaphat	שְׁמוּאֵל	Samuel

(1) 1 וַיֹּאמֶר שְׁמוּאֵל אֶל־כָּל־יִשְׂרָאֵל הִנֵּה שָׁמַעְתִּי בְקֹלְכֶם לְכֹל אֲשֶׁר־אֲמַרְתֶּם לִי וָאַמְלִיךְ
עֲלֵיכֶם מֶלֶךְ 2 וְעַתָּה הִנֵּה הַמֶּלֶךְ מִתְהַלֵּךְ לִפְנֵיכֶם וַאֲנִי זָקַנְתִּי וָשַׂבְתִּי וּבָנַי הִנָּם[3] אִתְּכֶם
וַאֲנִי הִתְהַלַּכְתִּי לִפְנֵיכֶם מִנְּעֻרַי עַד־הַיּוֹם הַזֶּה (1 Sam 12:1-2)

(2) וַיֻּגַּד לְרִבְקָה אֶת־דִּבְרֵי עֵשָׂו בְּנָהּ הַגָּדֹל וַתִּשְׁלַח וַתִּקְרָא לְיַעֲקֹב בְּנָהּ הַקָּטָן וַתֹּאמֶר אֵלָיו
הִנֵּה עֵשָׂו אָחִיךָ מִתְנַחֵם לְךָ לְהָרְגֶךָ (Gen 27:42)

(3) וַיֻּגַּד לְיוֹאָב הִנֵּה הַמֶּלֶךְ בֹּכֶה וַיִּתְאַבֵּל עַל־אַבְשָׁלֹם (2 Sam 19:2 [English 19:1])

(4) 4 וְהִרְבֵּיתִי[4] אֶת־זַרְעֲךָ כְּכוֹכְבֵי הַשָּׁמַיִם וְנָתַתִּי לְזַרְעֲךָ אֵת כָּל־הָאֲרָצֹת הָאֵל[5] וְהִתְבָּרְכוּ
בְזַרְעֲךָ כֹּל גּוֹיֵי הָאָרֶץ 5 עֵקֶב אֲשֶׁר־שָׁמַע אַבְרָהָם בְּקֹלִי וַיִּשְׁמֹר מִשְׁמַרְתִּי מִצְוֺתַי חֻקּוֹתַי
וְתוֹרֹתָי (Gen 26:4-5)

---

[3] הִנָּם "they are"

[4] וְהִרְבֵּיתִי Perfect with Waw Consecutive

[5] הָאֵלֶּה = הָאֵל

(5)   וַיֹּאמֶר לָהּ מַלְאַךְ יְהוָה שׁוּבִי אֶל־גְּבִרְתֵּךְ וְהִתְעַנִּי תַּחַת יָדֶיהָ (Gen 16:9)

(6)   וַיָּקֻמוּ כָל־בָּנָיו וְכָל־בְּנֹתָיו לְנַחֲמוֹ וַיְמָאֵן לְהִתְנַחֵם וַיֹּאמֶר כִּי־אֵרֵד אֶל־בְּנִי אָבֵל שְׁאֹלָה
      וַיֵּבְךְּ אֹתוֹ אָבִיו (Gen 37:35)

(7)   וַיִּתְהַלֵּךְ חֲנוֹךְ אֶת־הָאֱלֹהִים וְאֵינֶנּוּ⁶ כִּי־לָקַח אֹתוֹ אֱלֹהִים (Gen 5:24)

(8)   וְהִתְגַּדִּלְתִּי⁷ וְהִתְקַדִּשְׁתִּי וְנוֹדַעְתִּי לְעֵינֵי גּוֹיִם רַבִּים וְיָדְעוּ כִּי־אֲנִי יְהוָה (Ezek 38:23)

(9)   וַתֹּאמֶר אֶל־הָעֶבֶד מִי־הָאִישׁ הַלָּזֶה⁸ הַהֹלֵךְ בַּשָּׂדֶה לִקְרָאתֵנוּ וַיֹּאמֶר הָעֶבֶד הוּא אֲדֹנִי וַתִּקַּח
      הַצָּעִיף וַתִּתְכָּס (Gen 24:65)

(10) וַיְהִי כִּשְׁמֹעַ הַמֶּלֶךְ חִזְקִיָּהוּ וַיִּקְרַע אֶת־בְּגָדָיו וַיִּתְכַּס בַּשָּׂק וַיָּבֹא בֵּית יְהוָה (2 Kgs 19:1)

(11) וָאֹמַר לָהֶם לְמִי זָהָב הִתְפָּרָקוּ וַיִּתְּנוּ־לִי וָאַשְׁלִכֵהוּ בָאֵשׁ וַיֵּצֵא הָעֵגֶל הַזֶּה (Ex 32:24)

---

⁶   וְאֵינֶנּוּ = אֵין with 3ms pronominal suffix
⁷   וְהִתְגַּדִּלְתִּי Perfect with Waw Consecutive
⁸   הַלָּזֶה = הַזֶּה

(12) וַיֹּאמֶר מֶלֶךְ־יִשְׂרָאֵל אֶל־יְהוֹשָׁפָט הֲלוֹא אָמַרְתִּי אֵלֶיךָ לוֹא־יִתְנַבֵּא עָלַי טוֹב כִּי אִם־רָע

(1 Kgs 22:18)

(13)⁹ 15 וַיִּקְרָא מַלְאַךְ יְהוָה אֶל־אַבְרָהָם שֵׁנִית מִן־הַשָּׁמָיִם 16 וַיֹּאמֶר בִּי נִשְׁבַּעְתִּי נְאֻם־יְהוָה

כִּי יַעַן אֲשֶׁר¹⁰ עָשִׂיתָ אֶת־הַדָּבָר הַזֶּה וְלֹא חָשַׂכְתָּ אֶת־בִּנְךָ אֶת־יְחִידֶךָ 17 כִּי־בָרֵךְ

אֲבָרֶכְךָ וְהַרְבָּה אַרְבֶּה אֶת־זַרְעֲךָ כְּכוֹכְבֵי הַשָּׁמַיִם וְכַחוֹל אֲשֶׁר עַל־שְׂפַת הַיָּם וְיִרַשׁ

זַרְעֲךָ אֵת שַׁעַר אֹיְבָיו 18 וְהִתְבָּרֲכוּ בְזַרְעֲךָ כֹּל גּוֹיֵי הָאָרֶץ עֵקֶב אֲשֶׁר שָׁמַעְתָּ בְּקֹלִי

19 וַיָּשָׁב אַבְרָהָם אֶל־נְעָרָיו וַיָּקֻמוּ וַיֵּלְכוּ יַחְדָּו אֶל־בְּאֵר שָׁבַע¹¹ וַיֵּשֶׁב אַבְרָהָם בִּבְאֵר

שָׁבַע (Gen 22:15-19)

---

⁹ The last biblical text for this exercise (number 13) will conclude the reading of Gen 22.

¹⁰ יַעַן אֲשֶׁר "because"

¹¹ בְּאֵר שָׁבַע "Beersheba"

Final Parsing Exercise - Derived Stems

The following is a parsing exercise for strong and weak verbs of the major derived stems (Niphal, Piel, Pual, Hiphil, Hophal and Hithpael). Give the full parsing information for each entry and be certain that you have accurately identified each element of the parsing. Also, be certain that you understand all of the diagnostic points of vocalization that identify the derived stem. Most forms have been taken from the Holladay lexicon.

		Stem	*Conjugation*	*PGN*	*Lexical Form*	*Prefix/Suffix*
1.	הִצַּ֫לְנוּ					
2.	בֹּרַ֫כְתִּי					
3.	תּוּקַ֫מְנָה					
4.	הוּקַ֫מְתִּי					
5.	וַיְכַס					
6.	וַיְכֻלּוּ					
7.	וַיְגֹאֲלוּ					
8.	וַיַּכּוּ					
9.	וַיַּגַּע					
10.	וַיִּזָּעֲקוּ					
11.	וַיִּכָּלְאוּ					
12.	וַיִּתְכַּס					
13.	הוֹשַׁ֫בְתִּי					
14.	תֻּגַּ֫דְנָה					
15.	הוּרַ֫דְתִּי					
16.	חַלּוֹת					

17. אֲחַלְּקָה

18. וַתְּבַצְּעִי

19. הָטְבְּעוּ

20. גַּלּוּ

21. גַּלּוֹת

22. שַׁלְּחוּ

23. אֲהַלְלָה

24. הֶאֱכַ֫לְתִּי

25. תַּמְצֶ֫אנָה

26. הָעֳמַ֫דְנוּ

27. הָפְקַד

28. הַעֲמִ֫ידוּ

29. אַעֲבִיר

30. הַשְׁלִ֫יחִי

31. נוֹשָׁבוֹת

32. הוּשַׁבְתֶּם

33. הַגְלֶ֫ינָה

34. הָגְלְתָה

35. הוּרַד

36. אַדְבִּיק

37. הָנְחַ֫לְתִּי

38. הָקִ֫מִי

39. הַקְטֵ֫לְנָה

40. יַכֶּה

41. יַמְרֶה

42. יָעֳמַד

43. יָבִ֫יאוּ

44. אֲזַבֵּחַ

45. יַבִּיט

46. יִוָּלְדוּ

47. יִשְׁתַּמֵּר

48. יִתְמַלָּטוּ

49. יֵאָכְלוּ

50. יְאַבֵּד

51. הוֹלַ֫דְתָּ

52. אֲכַלֶּה

53. נוֹלָד

54. נוֹלַד

55. גִּלִּ֫ינוּ

56. אוֹכִיחַ

57. לְזַבֵּחַ

58. לְהוֹרִישׁ

59. לְהַאֲבִיד

60. לְהַגְדִּיל

61. כִּלּוּ
62. כִּסִּ֫יתִי
63. לֶקַח
64. מוֹלִיד
65. מוּצָאוֹת
66. מוֹצִיאִים
67. מַחֲזֶ֫קֶת
68. מַלֵּא
69. מָעֳמָד
70. מָשְׁחָת
71. מָשְׁבָּת
72. מַאֲכֶ֫לֶת
73. מַאֲבִיד
74. הוּסַבּ֫וֹתִי
75. מַבִּיט
76. מַגִּיעַ
77. אֲמַצֵּא
78. מָרְאֶה
79. הוֹדִ֫יעוּ
80. תּוֹשִׁ֫יבוּ
81. תִּוָּדַע
82. צִוְּתָה

83. תִּוָּדְעִי

84. הֲקִימ֫וֹתָ

85. הֲקִימ֫וֹתִי

86. הוֹדִיעַ

87. נִזְעַ֫קְתָּ

88. תִּזָּכַ֫רְנָה

89. נִכְבָּדוֹת

90. נִכְרַ֫תָּ

91. גֻּלּוּ

92. שִׁלַּ֫חְנוּ

93. הִלַּ֫לְנוּ

94. שִׁלְּחוּ

95. נִמְצָא

96. נִמְצָאוֹת

97. נִמְצֵ֫אתִי

98. הִמְצִ֫יאָה

99. נְסַחְתֶּם

100. בִּעֵר

101. הִפְרַ֫חְתִּי

102. נֶעֱזָבוֹת

103. הֶעֱמִ֫ידָה

104. נֶעֱבַ֫דְתֶּם

105. הִשְׁתַּמֵּר

106. הִבָּנוֹת

107. אֶבָּנֶה

108. תִּבָּנֶה

109. הִבִּ֫יטוּ

110. נִגְלֵ֫יתִי

111. הִגְלִ֫יתָ

112. הִגָּלוֹת

113. נִדְמֵ֫יתָ

114. נִדַּ֫חְתָּ

115. הִנָּצַ֫לְנָה

116. הִנָּשְׂאוּ

117. נִצַּ֫לְנוּ

118. נִרְדַּ֫פְנוּ

119. הִתְעַנּוֹת

120. הִתְפַּלֵּ֫לְנָה

121. הִתְבָּאֲשׁוּ

122. הִתְבָּרַ֫כְנוּ

123. הִתְגַּלּוֹת

124. הִתְגַּלְּתָה

125. הִתְנַחַ֫מְנָה

126. תִּתְנַחֲלוּ

127. תִּתְנַחֲמִי

128. מִצֵּאתֶן

129. מִתְפָּרְצִים

130. מִתְבָּרְכוֹת

131. מִתְנַחֵם

132. מִתְנַשֵּׂא

133. מִתְקַדֶּ֫שֶׁת

134. הֵעָזַ֫בְנָה

135. תֵּעָזַ֫בְנָה

136. הֵעָלוֹת

137. הֵעָשׂוֹת

138. מְחַזֵּק

139. מְטֻמָּאָה

140. מְכַסֶּה

141. מְלֻבָּשִׁים

142. מְסֻגֶּ֫רֶת

143. מְמֻצָּאָה

144. מְשַׁלַּ֫חַת

145. מְשֻׁלָּח

146. מְבָרֶ֫כֶת

147. מְבֻקָּעָה

148. מְגַדְּלִים

149. מְהַלְּכִים

150. מְנַחֲמִים

151. הֻמְצָאתֶן

152. מְקֻטָּלָה

153. מְקֻטֶּ֫לֶת

154. מְקֻדָּשִׁים

155. מֻצְאָה

156. הֵאָֽסְפוּ

157. הֵבִ֫יאָה

158. בֵּרֵךְ

159. תְּאֻכְּלוּ

160. תְּבַקְּשִׁי

161. תְּבָֽרְכוּ

162. תּוּרְדִי

163. תְּנַחֲמוּ

164. תְּנֻחֲמוּ

165. תְּנֻחֲמִי

Annotated Translation Exercise[1]

Genesis 37:5-20

Joseph's Dreams

5 וַיַּחֲלֹם[2] יוֹסֵף חֲלוֹם[3] וַיַּגֵּד לְאֶחָיו וַיּוֹסִפוּ עוֹד שְׂנֹא אֹתוֹ
6 וַיֹּאמֶר אֲלֵיהֶם שִׁמְעוּ־נָא הַחֲלוֹם הַזֶּה אֲשֶׁר חָלָמְתִּי 7 וְהִנֵּה
אֲנַחְנוּ מְאַלְּמִים[4] אֲלֻמִּים[5] בְּתוֹךְ הַשָּׂדֶה וְהִנֵּה קָמָה אֲלֻמָּתִי
וְגַם־נִצָּבָה וְהִנֵּה תְסֻבֶּינָה אֲלֻמֹּתֵיכֶם וַתִּשְׁתַּחֲוֶיןָ לַאֲלֻמָּתִי
8 וַיֹּאמְרוּ לוֹ אֶחָיו הֲמָלֹךְ תִּמְלֹךְ עָלֵינוּ אִם־מָשׁוֹל תִּמְשֹׁל בָּנוּ
וַיּוֹסִפוּ עוֹד שְׂנֹא אֹתוֹ עַל־חֲלֹמֹתָיו וְעַל־דְּבָרָיו 9 וַיַּחֲלֹם עוֹד
חֲלוֹם אַחֵר וַיְסַפֵּר אֹתוֹ לְאֶחָיו וַיֹּאמֶר הִנֵּה חָלַמְתִּי חֲלוֹם עוֹד
וְהִנֵּה הַשֶּׁמֶשׁ וְהַיָּרֵחַ[6] וְאַחַד עָשָׂר כּוֹכָבִים[7] מִשְׁתַּחֲוִים לִי

---

1 For additional annotated translation exercises of this type, see Miles V. Van Pelt and Gary D. Pratico, *Graded Reader of Biblical Hebrew: A Guide to Reading the Hebrew Bible* (Grand Rapids: Zondervan, 2006).

2 חָלַם (Qal) to dream

3 חֲלוֹם dream

4 אֲלֻמָּה (Pi) to bind

5 אֲלֻמָּה sheaf

6 יָרֵחַ moon

7 כּוֹכָב star

10 וַיְסַפֵּר אֶל־אָבִיו וְאֶל־אֶחָיו וַיִּגְעַר[8]־בּוֹ אָבִיו וַיֹּאמֶר לוֹ מָה
הַחֲלוֹם הַזֶּה אֲשֶׁר חָלָמְתָּ הֲבוֹא נָבוֹא אֲנִי וְאִמְּךָ וְאַחֶיךָ
לְהִשְׁתַּחֲוֺת לְךָ אָרְצָה 11 וַיְקַנְאוּ[9]־בוֹ אֶחָיו וְאָבִיו שָׁמַר
אֶת־הַדָּבָר 12 וַיֵּלְכוּ אֶחָיו לִרְעוֹת אֶת־צֹאן אֲבִיהֶם בִּשְׁכֶם[10]
13 וַיֹּאמֶר יִשְׂרָאֵל אֶל־יוֹסֵף הֲלוֹא אַחֶיךָ רֹעִים בִּשְׁכֶם לְכָה
וְאֶשְׁלָחֲךָ אֲלֵיהֶם וַיֹּאמֶר לוֹ הִנֵּנִי 14 וַיֹּאמֶר לוֹ לֶךְ־נָא רְאֵה
אֶת־שְׁלוֹם אַחֶיךָ וְאֶת־שְׁלוֹם הַצֹּאן וַהֲשִׁבֵנִי דָּבָר וַיִּשְׁלָחֵהוּ
מֵעֵמֶק חֶבְרוֹן[11] וַיָּבֹא שְׁכֶמָה 15 וַיִּמְצָאֵהוּ אִישׁ וְהִנֵּה תֹעֶה[12]
בַּשָּׂדֶה וַיִּשְׁאָלֵהוּ הָאִישׁ לֵאמֹר מַה־תְּבַקֵּשׁ 16 וַיֹּאמֶר אֶת־אַחַי
אָנֹכִי מְבַקֵּשׁ הַגִּידָה־נָּא לִי אֵיפֹה[13] הֵם רֹעִים 17 וַיֹּאמֶר הָאִישׁ
נָסְעוּ מִזֶּה כִּי שָׁמַעְתִּי אֹמְרִים נֵלְכָה דֹּתָיְנָה[14] וַיֵּלֶךְ יוֹסֵף אַחַר

---

8 גָּעַר (Qal) to rebuke

9 קָנָא (Piel) to envy, be envious of, be jealous

10 שְׁכֶם Shechem

11 חֶבְרוֹן Hebron

12 תָּעָה (Qal) to wander (about)

13 אֵיפֹה where?

14 דֹּתָן Dothan

אֶחָיו וַיִּמְצָאֵם בְּדֹתָן 18 וַיִּרְאוּ אֹתוֹ מֵרָחֹק וּבְטֶרֶם[15] יִקְרַב
אֲלֵיהֶם וַיִּתְנַכְּלוּ[16] אֹתוֹ לַהֲמִיתוֹ 19 וַיֹּאמְרוּ אִישׁ אֶל־אָחִיו הִנֵּה
בַּעַל הַחֲלֹמוֹת הַלָּזֶה[17] בָּא 20 וְעַתָּה לְכוּ וְנַהַרְגֵהוּ וְנַשְׁלִכֵהוּ
בְּאַחַד הַבֹּרוֹת[18] וְאָמַרְנוּ חַיָּה רָעָה אֲכָלָתְהוּ וְנִרְאֶה מַה־יִּהְיוּ
חֲלֹמֹתָיו

Parse the following verbs from Genesis 37:5-20.

Genesis 37:5

וַיַּחֲלֹם ______________________________

וַיַּגֵּד ______________________________

וַיּוֹסִפוּ ______________________________

שְׂנֹא ______________________________

Genesis 37:6

שִׁמְעוּ ______________________________

חָלָמְתִּי ______________________________

Genesis 37:7

מְאַלְּמִים ______________________________

---

15 טֶ֫רֶם before, not yet

16 נָכַל (Hithpael) to act cunningly or deceitfully with

17 הַלָּזֶה (ms demonstrative adj) this

18 בּוֹר pit, cistern, well

קָמָה ______

נִצָּבָה ______

תְסֻבֶּינָה ______

וַתִּשְׁתַּחֲוֶיןָ ______

Genesis 37:8

הֲמָלֹךְ ______

תִּמְלֹךְ ______

מָשׁוֹל ______

תִּמְשֹׁל ______

וַיּוֹסִפוּ ______

Genesis 37:9

וַיְסַפֵּר ______

מִשְׁתַּחֲוִים ______

Genesis 37:10

וַיִּגְעַר ______

חָלָמְתָּ ______

הֲבוֹא ______

נָבוֹא ______

לְהִשְׁתַּחֲוֹת ______

Genesis 37:11

וַיְקַנְאוּ ______

שָׁמַר ______

Genesis 37:12

וַיֵּלְכוּ ______

לִרְעוֹת ______

Genesis 37:13

רֹעִים ______

לְכָה ______

וְאֶשְׁלָחֲךָ ______

Genesis 37:14

לֶךְ ______

רְאֵה ______

וַהֲשִׁבֵנִי ______

וַיִּשְׁלָחֵהוּ ______

וַיָּבֹא ______

Genesis 37:15

וַיִּמְצָאֵהוּ ______

תֹעֶה ______

וַיִּשְׁאָלֵהוּ ______

תְּבַקֵּשׁ ______

Genesis 37:16

מְבַקֵּשׁ ______

הַגִּידָה ______

רֹעִים ______

Genesis 37:17

נָסְעוּ   _____

שָׁמַעְתִּי   _____

אֹמְרִים   _____

נֵלְכָה   _____

וַיֵּלֶךְ   _____

וַיִּמְצָאֵם   _____

Genesis 37:18

וַיִּרְאוּ   _____

יִקְרַב   _____

וַיִּתְנַכְּלוּ   _____

לַהֲמִיתוֹ   _____

Genesis 37:19

וַיֹּאמְרוּ   _____

בָּא   _____

Genesis 37:20

לְכוּ   _____

וְנַהַרְגֵהוּ   _____

וְנַשְׁלִכֵהוּ   _____

וְאָמַרְנוּ   _____

אֲכָלָתְהוּ   _____

וְנִרְאֶה   _____

יִהְיוּ   _____

Grammatical Commentary – Genesis 37:5-20

Genesis 37:5

וַיַּחֲלֹם I-Guttural Qal Imperfect verbs and I-Guttural Hiphil Imperfect verbs (16.8; 31.2) have a Pathach preformative vowel with Hateph Pathach under the guttural in first root position. The stem vowel distinguishes between these two forms. The Qal has a Holem stem vowel and the Hiphil has a Hireq Yod stem vowel. This form, therefore, is the Qal Imperfect 3ms of חָלַם. The proper name יוֹסֵף is its subject (now Joseph had a dream). Note the presence of the noun חֲלוֹם even though the verb חָלַם means "to dream."

וַיַּגֵּד The Pathach preformative vowel and Tsere stem vowel identify the verbal stem as Hiphil. Before the prefixing of Waw Consecutive, the stem vowel was Hireq Yod (31.10-11). The key to identification of the root is the Daghesh Forte in the second root consonant (ג) which represents the assimilated נ that is the first root consonant. In the Hiphil of this class of weak verbs, the נ assimilates into the second root consonant in every form of every conjugation (and he recounted [it]).

לְאֶחָיו The plural noun אַחִים (lexical form אָח) appears with the preposition לְ and a 3ms (Type 2) pronominal suffix (to his brothers).

וַיּוֹסִפוּ עוֹד The י preformative and the Shureq sufformative identify this verb as Imperfect 3mp. The conjunction is Waw Consecutive. The Hireq stem vowel (defective writing for Hireq Yod) identifies the stem as Hiphil. The preformative vowel in every form of the Imperfect paradigm is Holem Waw, distinctive of the Hiphil stem and the I-י class of weak verbs (31.12-13). This class was originally I-ו and the original ו "reappears" as Holem Waw with each preformative of the Imperfect. Actually, the Holem Waw appears with the prefix or preformative of every conjugation of a Hiphil I-י verb. The verb יָסַף means "to add" or "to continue to do [something] more or again." The adverb עוֹד emphasizes the nuance of continuation (still, again, continually).

שְׂנֹא אֹתוֹ Though III-א, this verb preserves the diagnostic vowel pattern (Shewa-Holem) of a Qal Infinitive Construct (to hate). This Infinitive is followed by the direct object marker with a 3ms pronominal suffix. This construction (וַיּוֹסִפוּ עוֹד שְׂנֹא אֹתוֹ) may be translated idiomatically as either "and they hated him all the more" or "and their hatred of him increased."

Genesis 37:6

אֲלֵיהֶם   The preposition אֶל appears with a 3mp (Type 2) pronominal suffix (to them).

שִׁמְעוּ־נָא   Though נָא may mark any of the volitional conjugations, Imperatives are frequently (239 times) followed by this particle which may be translated as "please" but is better left untranslated in most instances (18.6). The verb שִׁמְעוּ, though III-ע, preserves the spelling of a strong verb in the Qal Imperative 2mp (18.8).

אֲשֶׁר חָלָמְתִּי   Apart from the pausal spelling (Qamets stem vowel instead of Pathach; see 36.3), חָלָמְתִּי is easily identified as the Qal Perfect 1cs of חָלַם. Preceded by the relative pronoun, the clause translates, "which I have dreamed."

Genesis 37:7

וְהִנֵּה אֲנַחְנוּ מְאַלְּמִים אֲלֻמִּים   The particle הִנֵּה has a significant range of uses (13.13) and it is sometimes difficult to categorize a particular usage. Here, at the beginning of verse 7, הִנֵּה is introducing the narrative of Joseph's first dream as a basis for understanding his apparent primacy over his brothers. Its appearance at the start of the dream narration imparts emphasis, a sense of importance and even urgency. In this context, it might be rendered idiomatically as "now look . . ."

The form אֲנַחְנוּ is the 1cp personal pronoun that precedes a Participle with a מ prefix and a mp ending. A מ prefix is diagnostic of Piel, Pual, Hiphil, and Hophal Participles. The מ prefix with Shewa (מְ) narrows the stem possibilities to Piel and Pual. The Daghesh Forte in the second root consonant also occurs in Piel and Pual Participles, though it occurs in the Hithpael stem as well. It is the Pathach under the first root consonant that finally identifies the stem as Piel (26.11-12). Thus, the form מְאַלְּמִים is the Piel Participle mp of אָלַם (to bind sheaves). This is the only occurrence of this verb in the Hebrew Bible (behold we were binding sheaves). Note that the verb אָלַם (to bind [sheaves]) is followed by the plural of אֲלֻמָּה (sheaf). This noun occurs only in this passage (4 times) and once in Psalm 126:6.

Now that the component parts of this clause have been identified, let's briefly review the Participle in general and its usage in this context in particular.

A Hebrew Participle is a verbal adjective. Like a verb, it is inflected for gender and number but not person. Like an adjective, it may be used attributively, predicatively, or substantively (22.5). Unlike the Perfect and the Imperfect, the Participle is not a finite verb. That means that verbal time and verbal aspect must be determined from context. As a general observation on the active Participle, it designates ongoing, repeated or progressing action, whether in the past, present, or future. In its predicative usage, as in this text, the Participle may take a subject (אֲנַחְנוּ) and/or a direct object (here אֲלֻמִּים). Most commonly, the Participle is used to express continuing or progressing action in the present. This clause (וְהִנֵּה אֲנַחְנוּ מְאַלְּמִים אֲלֻמִּים) is a good example of a predicative usage in the past. It should be observed that the particle הִנֵּה sometimes precedes a Participle that designates ongoing action in the past (while we were binding sheaves).

קָמָה אֲלֻמָּתִי Apart from consideration of accent, קָמָה may be either Qal Perfect 3fs of קוּם (14.12) or Qal Participle fs of קוּם (22.4.5). The Participle is accented on the ultima (קָמָ֫ה); the Perfect on the penultima (קָ֫מָה). This is the Perfect.

The form אֲלֻמָּתִי is the fs noun אֲלֻמָּה (sheaf) with a 1cs pronominal suffix (my sheaf arose). It is important to remember that when a fs noun ending in ָה receives a pronominal suffix, the ה is replaced by ת. In other words, the fs noun אֲלֻמָּה becomes אֲלֻמַּת before the suffix.

וְגַם־נִצָּבָה The conjunction וְ is prefixed to the adverb גַּם and וְגַם is joined by Maqqef to the Niphal Perfect 3fs of נָצַב with pausal spelling (and even stood upright). The נִ prefix and ָה sufformative identify the form as Niphal Perfect 3fs. The root is identified by the Daghesh Forte in the צ, representing the assimilated נ that is the first root consonant (25.8-9).

תְסֻבֶּינָה אֲלֻמֹּתֵיכֶם At first glance, the form תְסֻבֶּינָה appears to be a Pual Imperfect. While it might seem that the diagnostics for this identification are present, there is no verbal root for this consonantal configuration in the Pual. Highly irregular in its inflection, תְסֻבֶּינָה is the Qal Imperfect 3fp of the Geminate verb סָבַב (for this form and its paradigm, see 16.12). The form אֲלֻמֹּתֵיכֶם (the plural of אֲלֻמָּה with a 2mp pronominal suffix) is the subject of the verb (your sheaves surrounded [mine]).

וַתִּשְׁתַּחֲוֶיןָ לַאֲלֻמָּתִי   The verb חָוָה (to bow down, worship) occurs 173 times in the Hebrew Bible and it occurs only in a stem called the Hishtaphel (see 35.14). Hishtaphel forms of חָוָה are actually quite easy to identify because their prefixes and preformatives are so distinctive. Followed by לַאֲלֻמָּתִי (lexical form אֲלֻמָּה), the verb translates, "and they bowed down to my sheaf."

Genesis 37:8

וַיֹּאמְרוּ לוֹ אֶחָיו   The form אֶחָיו (the noun אָח [mp אַחִים] with a 3ms pronominal suffix) is the subject of וַיֹּאמְרוּ (and his brothers said to him). The indirect object לוֹ is the preposition לְ with a 3ms pronominal suffix.

הֲמָלֹךְ תִּמְלֹךְ עָלֵינוּ   The interrogative particle (8.10) is prefixed to the Qal Infinitive Absolute of מָלַךְ. The diagnostic vowel pattern of the Infinitive Absolute is preserved (Qamets-Holem), though the stem vowel may also be written as Holem Waw (21.2-3). The verbal form תִּמְלֹךְ preserves the expected spelling of the Qal Imperfect 2ms. The verbal root is the same in both forms. This construction illustrates one of the important uses of the Infinitive Absolute (21.6.1). Frequently, it will precede (over 400 times) or follow (only 15 times) a Perfect or Imperfect of the same root in order to emphasize the verbal meaning (will you *indeed* reign over us?).

אִם־מָשׁוֹל תִּמְשֹׁל בָּנוּ   The conjunction אִם (or) is joined by Maqqef to the Qal Infinitive Absolute of מָשַׁל. Note that the stem vowel is Holem Waw rather than Holem, as in the previous Infinitive Absolute. This is another example (in syntax, spelling, and usage) of an Infinitive Absolute preceding a finite verb for the purpose of emphasizing the verbal idea. Here the verb is תִּמְשֹׁל (or will you *really* exercise dominion over us?). The interrogative particle with הֲמָלֹךְ governs both constructions.

In this context, the form בָּנוּ requires special consideration. This is the preposition בְּ (the second most common preposition in the Hebrew Bible) with a 1cp pronominal suffix. This form could easily be confused with בָּנוּ (with accent on the ultima), which is the Qal Perfect 3cp of בָּנָה. Only the accent distinguishes between these two forms. The preposition בְּ has a wide range of translation values, most commonly spatial (in, at, on, among, through) and temporal (when, while, in, at), though it is used with a variety of other translation values as well.

Its use as a direct object marker with certain verbs can sometimes be difficult to recognize (see verse 10 below). In this clause, with two verbal forms constructed on the root מָשַׁל expressing the exercise of authority, the preposition with its 1cp pronominal suffix translates "over us."

וַיּוֹסִפוּ עוֹד שְׂנֹא אֹתוֹ This same construction appeared in verse 5 above (see comments there).

עַל־חֲלֹמֹתָיו The preposition עַל is joined by Maqqef to the plural noun חֲלֹמֹת with a 3ms (Type 2) pronominal suffix (because of his dreams and [because of] his words).

Genesis 37:9

וַיְסַפֵּר All of the diagnostics of a Piel Imperfect are present (26.5-6): Shewa preformative vowel, Pathach under the first root consonant, and Daghesh Forte in the second root consonant (and he recounted it). Note the absence of the Daghesh Forte (the third element of the Waw Consecutive) in the י preformative consonant (26.16).

וְאַחַד עָשָׂר כּוֹכָבִים The construction אַחַד עָשָׂר is used with masculine nouns to designate the cardinal number "eleven" (11.3). Note the syntax with the number preceding the noun (and eleven stars).

מִשְׁתַּחֲוִים לִי This is another Hishtaphel of חָוָה in this reading. The מִשְׁתַּ prefix and the mp ending identify the verb as a mp Participle (35.14). The verb is followed by the preposition לְ with a 1cs pronominal suffix (were bowing down to me).

Genesis 37:10

וַיִּגְעַר־בּוֹ אָבִיו The form אָבִיו (אָב with a 3ms pronominal suffix) is the subject of the Qal Imperfect of גָּעַר with Waw Consecutive. Note that the direct object of the verb is marked with the preposition בְּ (and his father rebuked him).

הֲבוֹא נָבוֹא This is the third example in this reading of an Infinitive Absolute preceding a finite verb in order to emphasize the verbal action (21.6.1). הֲבוֹא is the Qal Infinitive Absolute of בּוֹא with the interrogative particle (21.4.3). נָבוֹא is the Qal Imperfect 1cp of בּוֹא (shall we indeed come?). Note that with Biconsonantal verbs, the

Qal Imperative 2ms, the Qal Infinitive Construct, and the Qal Infinitive Absolute are identical in form.

אֲנִי וְאִמְּךָ וְאַחֶיךָ The text is here specific with regard to the identification of the 1cp pronominal element of נָבוֹא ("shall we indeed come, that is, I and your mother and your brothers?" or "shall I and your mother and your brothers indeed come?"). The form וְאִמְּךָ is the fs noun אֵם with the conjunction וְ and a 2ms pronominal suffix. The form וְאַחֶיךָ is the mp noun אַחִים (lexical form אָח) with the conjunction וְ and a 2ms pronominal suffix.

לְהִשְׁתַּחֲוֹת לְךָ III-ה Infinitive Construct forms in the Qal and derived stems, including the Infinitive of חָוָה in the Hishtaphel, end in וֹת (see 20.4; 25.5.2; 27.5; 31.8; 35.4; 35.14). The form לְהִשְׁתַּחֲוֹת is the Hishtaphel Infinitive Construct of חָוָה with preposition לְ (to bow down to you).

אָרְצָה This is the noun אֶרֶץ with the directional ending (to the ground).

Genesis 37:11

וַיְקַנְאוּ־בוֹ אֶחָיו The preformative י and the sufformative וּ identify וַיְקַנְאוּ as Imperfect 3mp (with Waw Consecutive). The Shewa preformative vowel and the Pathach under the first root consonant identify the verbal stem as Piel. Note the loss of the Daghesh Forte in the י preformative (from the spelling of the Waw Consecutive) and also the loss of the Daghesh Forte in the second root consonant (from the spelling of the Piel verb; see 26.16). בוֹ is the preposition בְּ with a 3ms pronominal suffix (and his brothers were jealous of him).

Genesis 37:12

וַיֵּלְכוּ אֶחָיו Here, the Waw Consecutive is prefixed to a form easily recognized as the Imperfect 3mp (preformative י and sufformative וּ). The Tsere preformative vowel identifies both the stem and the root. It is a Qal Imperfect that inflects like a I-י weak verb, though the root is הָלַךְ (16.16). The form אֶחָיו is the subject of the verb (and his brothers went).

לִרְעוֹת With the prefixed preposition לְ, the form רְעוֹת preserves the distinctive pattern of a III-ה Qal Infinitive Construct (to shepherd).

אֶת־צֹאן אֲבִיהֶם The construct chain צֹאן אֲבִיהֶם is the direct object of the Infinitive Construct (the flocks of their father). This construct chain is definite because the absolute form אֲבִיהֶם is considered definite with the addition of a pronominal suffix.

Genesis 37:13

הֲלוֹא אַחֶיךָ רֹעִים The interrogative particle הֲ is prefixed to the negative particle לֹא, though here spelled with Holem Waw (לוֹא). The form אַחֶיךָ is the subject of the Qal active Participle mp of רָעָה (are not your brothers shepherding?). In the Qal Participle of III-ה verbs, the final root consonant is lost in every form, though in the two singular forms the presence of the ה vowel letter (*mater lectionis*) helps with the identification (22.4.4). In the two plural forms, only two consonants of the verbal root remain (רֹעִים and רֹעוֹת).

לְכָה וְאֶשְׁלָחֲךָ אֲלֵיהֶם The most common spelling of the Qal Imperative 2ms of הָלַךְ is לֵךְ. The form לְכָה is an alternate spelling which occurs only 33 times in the Hebrew Bible (see 18.4.3 and 18.11). The longer form לְכָה may be translated, "come." The Imperative is followed by the Qal Imperfect 1cs of שָׁלַח with the conjunction וְ and a 2ms pronominal suffix (come, and I will send you to them).

הִנֵּנִי This is the particle הִנֵּה with a 1cs pronominal suffix (13.13). In this context, an appropriate translation would be, "I am here."

Genesis 37:14

לֶךְ־נָא With the joining of the particle נָא to the Qal Imperative 2ms of הָלַךְ by Maqqef, the vowel of the Imperative has shortened from Tsere (לֵךְ) to Seghol ("go" or "please go").

רְאֵה אֶת־שְׁלוֹם אַחֶיךָ In the Qal and derived stems, the Imperative 2ms of III-ה verbs ends in ֵה as in רְאֵה (18.11; 25.4; 27.5; 31.8; 35.4). שְׁלוֹם אַחֶיךָ is a construct chain functioning as the direct object (see about the well-being of your brothers).

וְאֶת־שְׁלוֹם הַצֹּאן This is the same (direct object) construction and it may be translated similarly (and the well-being of the flocks).

וַהֲשִׁבֵנִי This is a difficult form to identify. It is the Hiphil Imperative 2ms of the Biconsonantal verb שׁוּב with a 1cs pronominal suffix. The ending ֵנִי is a 1cs pronominal suffix (19.14). The verbal stem and conjugation are identified by the ה prefix and the Hireq (for Hireq Yod) stem vowel (and bring me word). With the addition of the suffix and the accent shift, the expected Qamets under the ה prefix is reduced to Hateph Pathach (31.14).

וַיִּשְׁלָחֵהוּ The ending הוּ is a 3ms pronominal suffix (19.14) on the Qal Imperfect 3ms of שָׁלַח with Waw Consecutive (and he sent him).

שְׁכֶמָה This is the proper name שְׁכֶם with the directional ending (to Shechem).

Genesis 37:15

וַיִּמְצָאֵהוּ אִישׁ The ms noun אִישׁ is the subject of the Qal Imperfect 3ms of מָצָא with a 3ms pronominal suffix and Waw Consecutive (a man found him).

וְהִנֵּה תֹעֶה בַּשָּׂדֶה The particle הִנֵּה prefixed with the conjunction וְ precedes the Qal Participle ms of תָּעָה. The Holem identifies the Qal Participle in the strong verb and in all classes of weak verbs, except the Biconsonantal class (22.4.5). In the Qal and derived stems, the ms form ends in ֶה (22.4.4; 25.4; 27.5; 29.4; 31.8; 33.4; 35.4) as in תֹעֶה. The phrase translates, "and behold (he was) wandering around in the field." With the predicative use of a Participle, the subject is usually expressed unless it has just been mentioned or if the clause begins with הִנֵּה. In this clause, the subject of the Participle is not mentioned.

וַיִּשְׁאָלֵהוּ The Waw Consecutive is prefixed to the Qal Imperfect 3ms of שָׁאַל with a 3ms pronominal suffix (and the man asked).

מַה־תְּבַקֵּשׁ The one point of spelling that definitively identifies the verbal stem of תְּבַקֵּשׁ is the Pathach under the first consonant of the verbal root (26.6). The Vocal Shewa under the preformative consonant and the Daghesh Forte in the second root consonant are also diagnostic of the Piel stem. The interrogative pronoun מָה is joined to the verb by Maqqef (what are you looking for?).

Genesis 37:16

אֶת־אַחַי אָנֹכִי מְבַקֵּשׁ The very syntax of Joseph's response at the beginning of the verse answers the question posed at the end of verse 15 (מַה־תְּבַקֵּשׁ). The word order is object-subject-verb (my brothers I am seeking). The מְ prefix on מְבַקֵּשׁ identifies the verb as either a Piel or Pual Participle. The Pathach under the first root consonant signals the Piel identification. This active Participle is designating ongoing action in the present (see comments above in verse 7 for the Piel Participle מְאַלְּמִים which designates continuing action in the past).

הַגִּידָה־נָּא לִי The expected spelling for the Hiphil Imperative 2ms of נָגַד is הַגֵּד. The form הַגִּידָה is an alternate spelling with an ָה ending, called the Paragogic ה (18.4). Still, the ה prefix and the Hireq Yod stem vowel identify both the stem and the conjugation. The Daghesh Forte in the ג (the second root consonant) represents the assimilated נ that is the first root consonant. The particle נָּא with conjunctive Daghesh (26.17) signals the volitional conjugation. The form לִי is the preposition לְ with a 1cs pronominal suffix ([please] tell me).

אֵיפֹה הֵם רֹעִים The interrogative adverb אֵיפֹה precedes the 3mp independent personal pronoun הֵם. The Holem of רֹעִים and the mp ending identify this form as a Qal Participle. The root is רָעָה (where they are shepherding).

Genesis 37:17

נָסְעוּ מִזֶּה The Qal Perfect 3cp of נָסַע is followed by the demonstrative זֶה to which has been prefixed the preposition מִן. The Daghesh Forte in the ז represents the assimilated נ of the preposition ("they departed from this [place]" or "they departed from here").

כִּי שָׁמַעְתִּי אֹמְרִים The verb אֹמְרִים is easily identified as a Qal Participle mp of אָמַר. In this case, the Participle אֹמְרִים is functioning substantively (22.5) as the direct object of the verb שָׁמַעְתִּי (I heard [them] say).

נֵלְכָה דֹּתָיְנָה The combination of an א or נ preformative and an ָה ending may signal a Cohortative, though this spelling may mark other forms as well. Here, the נ is the 1cp Imperfect preformative and the ָה is the Cohortative ending (18.13). The Tsere preformative vowel identifies the verbal root as belonging to the I-י pattern of inflection, though in this form the root is הָלַךְ (16.16). דֹּתָיְנָה is the proper name דֹּתָן with a directional ending (let us go to Dothan).

וַיֵּלֶךְ יוֹסֵף In the Qal Imperfect, the verb הָלַךְ inflects like the Type 1 class of I-י verbs (16.16-17). Its Qal Imperfect 3ms form is יֵלֵךְ. With the prefixing of Waw Consecutive (17.3.1), the Tsere stem vowel is changed to Seghol (and Joseph went).

וַיִּמְצָאֵם בְּדֹתָן The ֵם ending on וַיִּמְצָאֵם is a 3mp pronominal suffix (19.14) on the Qal Imperfect 3ms of מָצָא with Waw Consecutive (and he found them in Dothan).

Genesis 37:18

וַיִּרְאוּ אֹתוֹ The antecedent of this Qal Imperfect 3mp of רָאָה is אֶחָיו at the end of the preceding verse (and they saw him).

מֵרָחֹק The preposition מִן is prefixed to רָחֹק ("in the distance" or "afar off"). רָחֹק may also be spelled רָחוֹק.

וּבְטֶרֶם יִקְרַב אֲלֵיהֶם The construction וּבְטֶרֶם is the particle טֶ֫רֶם prefixed with the preposition בְּ and the conjunction וְ. In most occurrences, the particle טֶ֫רֶם appears with the preposition with no apparent change in meaning. Here, the particle precedes the Qal Imperfect 3ms of קָרַב. Frequently, an Imperfect verb will translate with the values of a Perfect if preceded by טֶ֫רֶם ("now before he came near to them" or "now before he reached them").

וַיִּתְנַכְּלוּ אֹתוֹ The form וַיִּתְנַכְּלוּ is easy to identify with the יִתְ prefix, Pathach under the first root consonant and Daghesh Forte in the second root consonant (34.5-6). Followed by its object, this Hithpael Imperfect 3mp of נָכַר with Waw Consecutive translates either "they conspired against him" or "they behaved deceitfully toward him."

לַהֲמִיתוֹ The ה prefix and the Hireq Yod stem vowel identify this verb as a Hiphil Infinitive Construct. The expected Qamets beneath the ה prefix (31.14) has been reduced to Hateph Pathach with the addition of the 3ms pronominal suffix. The preposition לְ is common on an Infinitive. The verbal root is מוּת ("to cause his death" or "to kill him").

Genesis 37:19

וַיֹּאמְרוּ אִישׁ אֶל־אָחִיו This construction begins with the Qal Imperfect 3mp of אָמַר followed by the noun אִישׁ (a singular subject) and the preposition אֶל־ joined by Maqqef to the singular noun אָח with a 3ms (Type 1) pronominal suffix. When the ms noun אִישׁ appears as the subject of a plural verb, it may be translated distributively ("each" or "each one"). The combination of the singular subject אִישׁ with the following prepositional phrase אֶל־אָחִיו denotes reciprocal action, "each [one] said to his brother" or "they said to one another."

הִנֵּה In this context, the הִנֵּה is being used to indicate the presence of someone (Joseph), with a sense of immediacy (look!).

בַּעַל הַחֲלֹמוֹת הַלָּזֶה The construct chain בַּעַל הַחֲלֹמוֹת is followed by a definite ms demonstrative adjective (הַלָּזֶה), which modifies the construct noun בַּעַל (this master [or lord] of dreams). For the spelling of this demonstrative adjective, see 8.6.3.

בָּא This verb may be identified as the Qal Participle ms of בּוֹא (is coming) or as the Qal Perfect 3ms of בּוֹא ([he] has come). Here, its identification as a Participle is best.

Genesis 37:20

וְעַתָּה לְכוּ The conjunction וְ is prefixed to the adverb עַתָּה and followed by the Qal Imperative 2mp of הָלַךְ (18.11). This clause may be translated, "and now, come."

וְנַהַרְגֵהוּ The 3ms pronominal suffix ֵהוּ (19.14) is attached to the Qal Imperfect 1cp of הָרַג with the conjunction וְ. Preceded by לְכוּ, the translation of this verb is volitional (let's kill him).

וְנַשְׁלִכֵהוּ The נ preformative with Pathach and the Hireq stem vowel (defective writing for Hireq Yod) identify this Hiphil Imperfect 1cp of שָׁלַךְ (to throw) with a 3ms (ֵהוּ) pronominal suffix. Prefixed with the conjunction וְ, this verb continues the volitional nuance of the preceding 1cp Imperfect (and [let us] throw him).

בְּאַחַד הַבֹּרוֹת The preposition בְּ is prefixed to the masculine construct form of the cardinal number אֶחָד (11.2). The form הַבֹּרוֹת is the plural of בּוֹר with the definite article (into one of the cisterns).

וְאָמַרְנוּ The Waw Consecutive is prefixed to the Qal Perfect 1cp of אָמַר (then we will say).

חַיָּה רָעָה The noun חַיָּה is singular in form but almost always used as a plural (animals). This is one of the rare instances in which it refers to a single animal, which is required by its modifying adjective (fs) and by its verb (3fs). רָעָה is a fs adjective (wild animal).

אֲכָלָתְהוּ Even with the removal of the 3ms suffix (הוּ), this form is difficult to identify. It is the Qal Perfect 3fs of אָכַל (אָכְלָה before the addition of the suffix). The first obstacle to identifying this form is that in the 3fs, the ָה sufformative has been replaced by ָת before the suffix (19.4.1). The second difficulty is that the shift of accent occasioned by the addition of the suffix has reduced the Qamets under the first root consonant to Hateph Pathach and the stem vowel has changed as well (has eaten him).

וְנִרְאֶה Though a number of words may have an ה ֶ ending, it is perhaps most common with the III-ה Imperfect (in those forms without sufformatives) in the Qal and derived stems. The form וְנִרְאֶה is the Qal Imperfect 1cp of רָאָה with the conjunction וְ (then we will see).

מַה־יִּהְיוּ חֲלֹמֹתָיו The interrogative pronoun מָה is joined by Maqqef to the Qal Imperfect 3mp of הָיָה. Though יִהְיוּ has an unusual appearance because of its spelling (consonantal configuration), it inflects normally as a member of the III-ה class of weak verbs (what will become of his dreams).

We want to hear from you. Please send your comments about this book to us in care of zreview@zondervan.com. Thank you.

ZONDERVAN.com/
AUTHORTRACKER
follow your favorite authors